『数学の音』43分♪ CD付

音楽から聴こえる数学

中島さち子
Sachiko Nakajima

JN193330

講談社

contents

はじめに 8

第1章　バッハとエッシャーの秘密
～美しい音楽や絵の中にひそむ「対称性」～

J.S. バッハの描いた音楽 14

対称性を〝聴いて〞みる 15

バッハが対称性を用いて作った
不思議な曲を見る・聴く 25

『ゴールドベルク変奏曲』の中に隠れた
数学的遊び：カノン形式 33

　　column 1　白隠禅師とメビウスの輪 35

　　寄り道ラボ　切って貼って遊ぼう！ 36

エッシャー的な絵の中にある対称性 39

繰り返し模様の元 46

対称性を空間で見る 49

　　column 2　数理女子ワークショップなど：多様な掛け算活動 52

　　column 3　クラインの壺について 53

曲の対称性の空間は？ 55

　　column 4　エッシャーとアルハンブラ宮殿 59

繰り返さない平面のタイリング!? 62

第2章 さまざまなリズムのグルーヴと数
～気持ちがいいグルーヴの背後にひそむ「数」～

心身から沸き立つ〝グルーヴ〟 ……………………………… 66

リズムを生み出す〝拍子〟とは? ……………………… 67
アクティビティ 『あんたがたどこさ』遊び ………… 71

変な拍子:不思議なグルーヴ …………………………… 73
アクティビティ 変拍子を刻む ………………………… 73

いろいろな変拍子:変拍子-数列の不思議! ………… 77
column 5 フィボナッチさんとパドヴァンさんについて ……… 86
寄り道ラボ パドヴァン数列の他の顔 ……………………… 90

1小節・1拍は円である! ……………………………… 92
アクティビティ 歌って踊って、グルーヴの違いを感じる ……… 93

ユークリッドリズムと世界の民族音楽!? ……………… 97
column 6 ユークリッドリズムや
そのネックレスと世界の音楽 … 106
column 7 ユークリッドについて ……………………… 107
column 8 ピグミーの音楽について ………………… 108

第3章 素数の絡み合う響き
〜時代ごとの曲風の背後にひそむ「素数」〜

音は空気の波！ ……………………………………………… 110

倍音を探る ……………………………………………………… 113

    column 9　聞こえる音・聞こえない音 …………………… 117

    column 10　ピアノの弦の形は指数曲線？ ……………… 118

封建時代を支配した素数2と3 ……………………………… 119

    column 11　ウルフの五度 ………………………………… 123

ルネッサンス時代を開花させた素数5 …………………… 124

    アクティビティ　純正律の響きを楽しむ …………………… 125

ミーントーン（中全音律）からウェル・テンペラメントへ：
バッハやベートーヴェンが求めたもの ………………… 128

    column 12　バッハ、モーツァルト、ベートーヴェン ………… 136

ケプラー、オイラー、メルセンヌの音律：
数学者の音律探究 ……………………………………… 138

    column 13　ケプラー、オイラー、メルセンヌ ……………… 141

平均律が開いた現代・現代作曲 ………………………… 143

    寄り道ラボ　いろいろな音律のまとめ …………………… 146

    column 14　フレデリック・ショパンとフランツ・リスト ……… 149

    column 15　なぜ1オクターブは12音になったの？ …………… 150

    寄り道ラボ　連分数の問題に挑戦 ……………………… 156

    column 16　名曲を支える5音のお話 …………………… 158

    column 17　サイン関数と計算で音を創る ………………… 160

第4章　未来の音楽と数学
～創造の時代──21世紀をどう楽しむか？～

ランダムな音楽 ……………………………………………………… 164

スティーブ・ライヒとミニマル音楽 ……………………………… 168

数学をまさに作曲に応用した、
平和を愛する情熱の人：ヤニス・クセナキス ………… 170

| column 18 | クセナキス『Psappha』の中の数学 ……………… 172

20世紀に生まれたジャズと数学 ………………………… 173

| column 19 | セロニアス・モンク、ジョン・コルトレーン、
ハービー・ハンコック ………………………… 178

21世紀の数学・音楽とは？
そして、21世紀社会はどこへ向かう？ ………………… 180

数学と音楽
～創造性における論理と感性の重要性～ ………… 188

おわりに ……………………………………………………………… 192

| 巻末ラボ | エッシャーになるための魔法のルールブック！ ………… 195

解答集 …………………………………………………………………… 201
※本文の中で解答や解説が行われていないものは、こちらをご覧ください。

参考文献 ……………………………………………………………… 206

注意：本書は、数学・音楽にあまり詳しくない方にも楽しんでいただけるように、定義や説明などは、直感的に理解できるようなおおまかなものにとどめてあります。厳密には専門用語とは若干異なる使い方をしている部分もありますが、ご理解くださいますようお願いいたします。

CD『数学の音』 Contents

本文中にはトラックNoで登場しますので、内容と照らして聴いてください。
音楽アルバムのように楽しめる順に構成しましたので、BGMのように流すのも一興です。

トラック1 『みつばち』(作曲：中島さち子)

トラック2 『Brala Moma Kapini』(マケドニア伝統音楽)

トラック3 『バジリスク』(作曲：相川 瞳)

トラック4 『Nadia』(作曲：鈴木広志)

トラック5 『Ave nobilis』(作曲者不詳、ゴリアルド族)

トラック6 『レセルカーダ』(作曲：D.オルティス)

トラック7 『SONATA Ⅱ (BWV1039) 第1楽章』(作曲：J.S.BACH)

トラック8 『SONATA Ⅱ (BWV1039) 第4楽章』(作曲：J.S.BACH)

トラック9 『音楽のサイコロ遊び』1回目 (作曲：モーツァルト)

トラック10 『音楽のサイコロ遊び』2回目 (作曲：モーツァルト)

トラック11 回文曲 (作曲者不詳)

トラック12 『Math x Music』(作曲：中島さち子)

トラック13 『あんたがたどこさ』(わらべ歌)

トラック14 『14のカノンNo.5 (BWV 1087)』(作曲：J.S.BACH) の一部を繰り返し

トラック15 『蟹のカノン』〈『音楽の捧げもの (BWV1079) 3曲目』〉(作曲：J.S.BACH)

トラック16 『ゴールドベルク変奏曲No.3』(作曲：J.S.BACH)

トラック17 AB(回文)、AC(ずらし鏡映)、AD(点対称)を演奏したもの

トラック18 小節P、Pを左右対称にしたもの、Pを上下対称にしたもの、Pを点対称にしたものの4つ

トラック19 5拍子 3+2バージョンと2+3バージョン

トラック20 1小節を1〜10に分けたリズム音

トラック21 1小節を2個&3個、3個&4個、4個&5個に分け、同時演奏した音

トラック22 E[3,8]、E[5,8]、E[7,12]、E[3,9]のリズム音

トラック23 4種類のユークリッドリズム、またはそのネックレス(抜粋)

トラック24 サイン波の音 1倍〜10倍まで

トラック25 ピタゴラス音階の音

トラック26 純正律の音

トラック27 平均律の音

トラック28 サイン波、三角波、矩形波、のこぎり波、ノイズ

トラック29 ミニマル・ミュージック的な旋律

トラック30 『Polytemple』(作曲：鈴木広志)

トラック31 『みつばち』(作曲：中島さち子) ― Bonus Track ―

演奏 Trio MATHEMATA
(中島さち子：ピアノ、鈴木広志：サキソフォン&リコーダー、相川 瞳：ビブラフォン&パーカッション)
エンジニア 田島克洋 (Studio TLive) Recorded at Studio TLive

※なお、付属CDは一部のパソコンのDVD/CD-ROMドライブなどで、場合により再生・取り込みができないことがありますが、ご了承ください。

ブックデザイン／片柳綾子　田畑知香　原 由香里
　　　　　　　（DNPメディア・アート OSC）
イラスト（カバー・アイコン・地紋）／matsu（マツモトナオコ）
イラスト（本文）／えびすまるほ
編集協力／岩瀬英治　辻 康介　平入福恵
楽器画像協力／ヤマハ株式会社
撮影（著者近影）／村田克己（講談社写真部）

はじめに

　こんにちは！　音楽・数学・教育という3つの領域で活動している、中島さち子です。

　この本を手にとってくださったあなたは、音楽が好きでしょうか。数学が好きでしょうか。

　もしかしたら実は音楽がちょっと苦手だったりしますか？　あるいは、数学が大の苦手だったりするでしょうか。

　私は、音楽、数学、そして人間が大好きです。もちろん、全然曲が思い浮かばないときやうまくピアノが弾けないとき、難問に手も足も出ないとき、また人間同士の交流の中で時にどうしていいかわからないような揉め事に巻き込まれることもあり、いずれも楽しいことばかりの世界ではまったくありません……。でも、そんな困難やたくさんの失敗があるからこそ多様な視点が見えてきて、悩めば悩むほど、心がだんだん本質をつかみ自由に飛び立ち、霧が晴れるように目前に美しい世界が現れます。多様な人や生物が生きるこの地球や宇宙の中で、凝り固まった自分一人の頭の中の世界が、より無限の世界の存在に気づき、溢れ出す瞬間。そんなときは、ぞくっとして鳥肌がたったり、心が思わずドキドキワクワク躍り出したりします。音楽も数学も人生も、結局は「創る」もの。ただ、鑑賞したりアルゴリズムに従って計算したりするだけではなく、自ら心や頭や身体や五感をフルに動かして、時には誰かと一緒にさんざん試行錯誤しながら「発見・発明・創造」するからこそ、面白い。そして、それは誰でも、自分なりの個性と感覚で楽しめるものだと思っています。

21世紀は機械も学習をはじめ、AI（人工知能）が凄まじい勢いで成長しています。人工知能が人に取って代わる時代（シンギュラリティ＝技術的特異点）が来る！といった議論もたくさんなされています。

　AIという比較的新しい存在と共存する中で、いつかはAIも感情をもったり、創造力を発揮したりするでしょう。でも、まだしばらくは、人間は、AIに支配されないためにも、AIが苦手とする発想・創造性・共感力といった「やわらかな情緒」と「自由な論理」の両面を融合し、新しい未来を創り出していく必要があります。そして、さまざまな価値観や常識が覆されようとする21世紀、世界は無限の可能性に満ちています。

＊

　さて、私は最近、自分の好きな世界たち（音楽・数学・人生や教育）が、実は密接に互いに深く結びついていることを、抽象的にも具体的にも強く感じるようになりました。音楽の美しさの背後には実は数学がこっそり隠れていて、私達の感性に触れる魔法をかけてくれていることに気づくようになりました。

　さまざまな数学の背後にも、何か音楽的な躍動を感じるようになり、数学の神秘を音楽で描写できないかと模索するようになりました。

　この本では、まずは具体的に、私が最近面白い！と思っている音楽と数学の不思議な関係について、具体的な形で述べていきたいと思います。途中にいろいろと手や頭や心を動かしていただけるようなアクティビティ（遊びのような活動）も用意しましたので、ぜひ挑戦して、関係を「体感」してみてください。さらに、この本にはTrio MATHEMATA（中島さち子：ピアノ、鈴木広志：サキソフォン、相川瞳：パーカッシ

ョン）によるCDがついています！　目で読み、頭で理解し、耳で聴き、心で感じながら、そして時に手や身体を動かしながら、五感や第六感までを総動員して音楽と数学の織りなす素敵な世界を体感していただければと思います。自分が好きな音楽の中に、こんな数学が潜んでいたなんて！という驚き、逆に数学の醍醐味はこんな美しい音楽で表現することもできるのだという驚きを感じていただければと思います。ここで出会った音楽や数学が、皆様の人生にとって、きらっと輝く小さな宝石のようなものになれば本当にうれしいです。

　この本の内容の多くは、まず2017年度より毎月東京ガーデンテラス紀尾井町にて開催している"社会人のための、数学×○○シリーズ"（西武プロパティーズ主催）にて実施した内容を少し発展させたものです。本シリーズは、とっても素敵な環境で学びのワクワクを共有できており、毎回100名ほどの受講者枠があっという間にいっぱいになっています。ほかにも、Trio MATHEMATAでは日本全国の学校や地域社会へ「数学×音楽」公演に伺い、お話＋生演奏でさまざまな方に出会ってきました。ある意味ではそうした生の世界をギュッと本＆CDの世界に閉じ込めたのがこの作品です。数学や学問や芸術の奥深さ、数学や音楽や社会の意外な関係性、そうした醍醐味が、皆さんの心を惹きつけるのかな？と思っています。それは、未来の創造のヒントになるかもしれません。

　これまでにどこかで出会った方も、まだ出会ったことがない方も、ぜひこの本とCDを通して数学と音楽が織りなす世界を楽しんでいただき、いつかどこかでお会いできることがあれば、その醍醐味をほんの少しでも共有できれば、本当に幸いです！

少しでも音楽が好きな人には数学の自由で不思議な魅力を、数学が好きな人には音楽の自由で不思議な魅力を、お届けできたら……と願います。

　バッハやモーツァルトは大の「数」好きでした。
　日本でフィールズ賞（数学界のノーベル賞のようなもの）をとられた小平邦彦先生は素晴らしいピアノを弾かれたそうですし、広中平祐先生は高校生の頃音楽家を目指したといわれています。
　アインシュタインも、バイオリンの名手でした。
　……音楽と数学は本当に奥深くではしっかりつながっているのかもしれません。

　なお、音楽も数学も、別に得意でなくても、挑戦すれば楽しむことができます。自分で発見して驚き、創って心躍らせることができます。たとえその発見が時に間違っていたり（大数学者でも間違えることはあるのです！）、創造がうまくいかなかったりしたとしても、そこで頭や心や体や五感を使った試行錯誤の体験は、きっととても素敵な人生の1ページになり、未来のあなたを支えてくれる、と思います。

21世紀、人間にますます本質的な創造性を求められる躍動の時代。
そんな時代には、音楽や数学などを通して発見や試行錯誤や創造の旅を
楽しむことが今まで以上に大切になってくると私は思っています。
　天才と自分たちは違う！と思っていたら大間違い！
　あなたも独創的な音楽家であり個性的な数学者。
　自由で楽しくて創造的な世界へ、一緒に旅しましょう♪

　音楽と数学、そして人間。その魅力溢れる世界が人生に彩りを与えて
くれますように！
　そして、この本を読むなかで得た体験が、あなたの未来にとって、小
さな光となりますように！

　この本およびCDの制作にご協力いただいた皆々様や大切な仲間と家
族に心からの感謝をこめて。

中島さち子

第1章

バッハとエッシャーの秘密

～美しい音楽や絵の中にひそむ「対称性」～

J.S. バッハの描いた音楽

　私はヨハン・ゼバスティアン・バッハ（1685-1750）の音楽が大好きです。『ゴールドベルク変奏曲』『平均律クラヴィーア曲集』『G線上のアリア』『主よ、人の望みの喜びよ』など、とても美しくて感情の底が澄んでいくような気持ちになる音楽。

　バッハは千を超える音楽をこの世に生み出しましたが、その美しい音楽の背後には、バッハの天才的な感性とともに、実はさまざまな数学の秘密があります。

　私は小さな頃は、バッハの音楽ってちょっとカタイような印象を持っていました。先生からは、「背筋をぴっと伸ばし、後ろから見たら指なんて何も動いていない！みたいな静かな姿勢で弾くこと！」と言われ、緊張しながら弾いていたことを思い出します。

　それでも子どもながらに、右手の歌を左手が引きつぎ、絡み合って、いつしか魔法のように複数の似たメロディが一緒になって厳かな曲を作り上げる様子には驚き、魅惑されていました。ベートーヴェンやショパンのような曲とはまた違う、メロディとメロディが、和声の上でツタの葉っぱみたいに絡み合う不思議な音楽。

J.S.バッハ（ドイツの作曲家）

バッハの神々しい旋律（メロディ）と和声が創る壮大な建築物のような音楽は、人々を神聖な気持ちにさせ、感動を与え続けてきました。

　なお、今でこそ高く高く評価されるバッハですが、激動の18世紀では新しいスタイルが好まれ、バッハは「古臭い」なんて評されたこともあったとか……。それでも、大家バッハは己の美学を信じ、生涯を通じて音楽の美を追究し続けました。

　あの荘厳で、神秘的な「美しさ」の背後には、いったいどんな数学の魔法があるのでしょうか……ぜひ、皆さんと一緒に第1章で少しのぞいてみましょう。

対称性を"聴いて"みる

　バッハ音楽には、「カノン」と呼ばれる音楽形式がたくさん現れます。カノンとは、『かえるのうた』のような輪唱形式を発展させた音楽形式であり、カノンという音楽形式を支える1つの数学的キーワードは、「対称性」です。
　皆さんは「対称性」という言葉を覚えていますか？
「ある図形があったとき、その＜形＞を変えないように○○移動で動かしてみたら、また元の図形に重なったよ！」という場合、「その図形は○○対称性を持つ」といいます。

　難しいですよね。ゆっくり、具体例を見ながら、考えていきましょう。
　本当は、ぜんぜん難しくないことですから！

15

例えば、下の家紋「太閤桐（豊臣秀吉定紋）」を鏡に映してみてください。

鏡に映してみると……

太閤桐とその鏡像

すると、まったく同じ絵になっているのですが、わかりますか？

鏡に映した形というのは、家紋の絵を、くるっと裏返しにしたときの形と同じですよね。つまり、この家紋は「くるっと裏返し」という移動について対称性を持つことがわかります。

だから、この家紋は「くるっと裏返し対称性」を持つといえますね。

少し言いにくいので、別の呼び名も考えておきましょう（心の中で）！ 太閤桐を真ん中の縦の線で折ってみると、左と右の部分がぴったりくっつきますよね。このようなとき、「くるっと裏返し対称性」より簡単な言い回しにするために、図形は真ん中の軸についての「線対称性」を持つ、ということにしましょう。

これは左右線対称性と呼んでもよいのですが、もしも本を横にしてこの絵を見ると、上下線対称性に切り替わりますね！　だから、とにかく、「（真ん中の線についての）線対称性」とシンプルに呼ぶことにします。

　では、次の家紋「武田菱（武田家定紋）」は、どんな対称性があるのでしょうか？

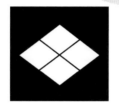

武田菱

　これは、左右真ん中で折っても、上下の真ん中で折っても、両側の絵がくっつきますね。
　つまり、武田菱は、２つの軸についての「線対称性」を持ちます。

　さらにさらに、武田菱を、家紋の真ん中の点を中心にぐるりと180度（半周）回してみると……やっぱり元の絵に重なることが、わかるでしょうか？？？

　つまり、この家紋の絵は、「180°回転対称性」も持つのですね。「180°回転対称性」のまたの名は、「点対称性」といいます。真ん中の点（線ではなく！）についての対称性がある、というニュアンスですね。

17

次は、家紋「織田木瓜」(織田家定紋の1つ)を見てみましょう。

織田木瓜

織田木瓜は、花びらの真ん中を中心に、ぐるっと72度(1/5周)回してみると、やっぱり元の絵に重なるのがわかるでしょうか?

これは何回繰り返しても同じです! つまり、真ん中を中心に72度(1/5周)、144度(2/5周)、216度(3/5周)、288度(4/5周)回転させても、再び元の絵に重なります。

だから、織田木瓜は、「72°(144°、216°、288°)回転対称性」を持つといえますね。他には、どんな対称性があるでしょう?

例えば、こんな線たちを考えてみましょう。

織田木瓜の5本の線対称の軸

こんな、一つひとつの花びらを半分にするような5本の線それぞれについて、家紋の絵をパタンと折ってみると、いつも両側の図形は重なり

ますね。つまり、家紋「織田木瓜」は、この5本の線についての「線対称性」も持っていることがわかります。

次に、下のようなレンガ構造を見てみましょう。心の眼で、永遠に四方八方にレンガがこのルールで積みあがっていると思ってください。

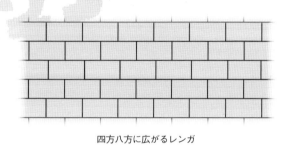

四方八方に広がるレンガ

つまり、上にも下にも右にも左にも、同じようにレンガが永遠に並んでいる……と思ってください。すると、例えば、無限個あるレンガを全部右にレンガ1個分ずらしたとしても、見かけはまったく変わらないですよね。

レンガたちが全員、横に1レンガ分ずれたとしても、レンガが無限に右にも左にも続いているのだとすれば、その様子は元のレンガの様子とまったく一緒の状況になりそうです。

下に1レンガ分ずらしたとしても同じですね。このような場合は、このレンガ構造は、「右にずらす平行対称性」「下にずらす平行対称性」を持つといいます。斜めにずらす平行対称性もあります。線対称性もありますね！　少し考えてみてください

＊

では、ようやく音楽の登場です。
音楽での対称性にはどのようなものがあるのでしょうか。

いやいや、そもそも、耳で聴いて楽しむ音楽に、「対称性」みたいな、目で見てわかる概念が関係するなんてこと、あるのでしょうか？
……でも、音楽は時に「譜面」というグラフ（ヨコ軸が時間軸、タテ軸が音の高さ軸）で表すこともできますよね。だから、譜面という〝絵〟に対して対称性を考えることができそうです。

例えば、下の楽譜Aを見てみましょう。この1小節を左右対称にくるっとひっくり返すと、楽譜Bのようになりますね。このように左右対称になったBのメロディは、Aのメロディの「逆行形」と呼ばれます。
※楽譜Bではト音記号や調号（♯）も一緒に裏返しになっていますね！ただし、ここでは、この裏返されたト音記号や調号は無視して、元々の楽譜Aの左端のト音記号と調号のもとで、楽譜Bの音符を読むようにしてください。

楽譜A

楽譜B（Aを左右対称にしたもの：Aの逆行）

AB続けて演奏すると、「たけやぶやけた」や「しんぶんし」のように、最初から読んでも最後から読んでも同じになる「回文（左右線対称）」楽曲になりますね！

楽譜ABをつなげたもの（回文構造）

　「たけやぶやけた」「しんぶんし」「うろたえたろう」「数学ガウス」……そんな回文と同じような構造が見えてきますね。右から読んでも、左から読んでも同じ。

　音楽では譜面の右に行けば行くほど時間が進むので、ある意味では、ある録音曲を普通に再生しても、逆再生しても同じフレーズになる、ということです。

　では、次に、楽譜Aを上下対称にくるっとひっくり返してみましょう。すると、下の楽譜Cのようになるのがわかるでしょうか？　このように上下対称になったCのメロディは、Aのメロディの「反行形」と呼ばれます。

※楽譜Cではト音記号が下を向いていますが、ここも元の楽譜Aのト音記号と調号のもとで楽譜Cの音符を読むこととします。

楽譜C（Aを上下対称にしたもの：Aの反行）

ACを続けて演奏した場合、Aと上下対称なものが時間だけずれて演奏されるという不思議な楽曲になります。このような対称性は、実は数学では「ずらし鏡映」と呼んでいます。（時間軸方向の）平行移動と線対称を組み合わせた対称性です。

楽譜ACをつなげたもの（ずらし鏡映構造）

　次は、楽譜Aをぐるんと180度回転させて点対称にしてみると、下の楽譜Dのようになります。このように点対称になったDのメロディは、Aのメロディをまず逆行させ、次に反行させると得られます。

楽譜D（Aを点対称にしたもの：Aの逆行＋反行）

※楽譜Dではト音記号が反転していますが、ここも元の楽譜Aのト音記号と調号のもとで楽譜Dの音符を読むこととします。

　ADを続けて演奏すると、まさに「点対称」な曲になっているのがわかるでしょうか？

楽譜ADをつなげたもの（点対称構造）

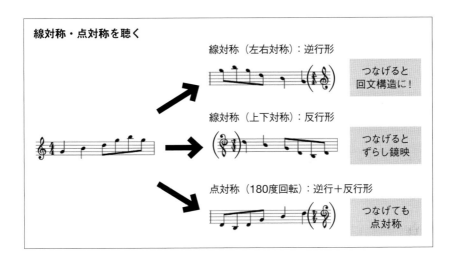

　さて、この本には、特別なプレゼントがついています。数学と音楽の不思議な関係性を伝えるCDです！

　ここには、先ほどの回文やずらし鏡映などの音楽が入っています。
　CDのトラック17を聴いてみましょう！　ここには、AB（回文）、AC（ずらし鏡映）、AD（点対称）を演奏したものが録音されています。皆さんも、音の対称性を実際に耳でも聴いてみて、左右対称・上下対称・点対称の響きを感じてみましょう。
　音の対称性がわかるでしょうか？

問題1　※答えは201ページ

　次ページに掲載の小節Pを左右対称（逆行）・上下対称（反行）・点対称（逆行＋反行）にしてみると、どんな小節に変身するでしょうか。五線紙に実際に書いてみましょう。
※CDのトラック18には、順に元の小節P、Pを左右対称にしたもの、P

を上下対称にしたもの、Ｐを点対称にしたものの４つが収録されていますので、耳でも楽しんでください。

小節Ｐ

　以下の五線紙に、順に小節Ｐを左右対称・上下対称・点対称にしてできたフレーズを各々譜面に書いてみましょう。

左右対称

上下対称

点対称

次にCDのトラック11を聴いてみましょう。これはどのように聴こえますか？

実はこの曲は8分の7拍子の回文曲なのです。こちらもぜひ譜面を見ながら聴いてみて、本当に回文になっているか、心と頭と耳と目で確かめてみてくださいね。
※伴奏等は回文構造ではありません。あくまでもメロディのみ回文構造になっています。

『回文曲』

皆さんも、ぜひ簡単な、でもステキなオリジナル回文曲を創ってみてください！

バッハが対称性を用いて作った不思議な曲を見る・聴く

改めて！　ヨハン・ゼバスティアン・バッハは、意識して対称性を使った作曲家です。つまり、バッハの曲の美しさのカギの秘密には「対称性」があり、それらが有機的に組み合って美しい荘厳な建築物のような音楽が生まれています。

ただし、その組み合わせ方には独創的な発想が必要で、そこにバッハの天才的な感性が生かされており、対称性の構造だけでは後世に残るほ

どの名曲は生まれないでしょう。でも、対称性構造をヒントとして知ることで、人々の創造性の「論理パート」が刺激され、あなたも作曲家としての一歩をスタートすることができます。

　ここでは、実際にバッハが書いたスコアをいくつか見てみましょう。

　さて、以下は、バッハの作品『14のカノンNo.5（BWV 1087）』の一部を抜粋した４小節です。後半２小節の形をよく見て、前半２小節と比較してみましょう。何か気づきますか？（BWV：バッハ音楽作品目録）

『14のカノンNo.5（BWV 1087）』（J.S.バッハ 作曲）

　気づいたあなたは、凄い！　そうです。実は、この後半２小節は、前半２小節を上下逆さま（線対称）にしたものになっています。つまり、この４小節は22ページのAC構造と似ていますね。

　CDのトラック14を聴くとわかるように、この４小節はとてもバッハ的で美しく、心に染み入る４小節であり、何度繰り返しても自然に聞こえます。まさかこの４小節にこんな綺麗な、完璧な対称性が隠れているとは……聴いているだけならば絶対わからないですね。

左ページの譜面の前半1、2小節目をくるっと上下逆さまにしたもの

　さて、今、前半の2小節を透明なテープに描いて横長の長方形のように見なして、左端の辺と右端の辺を上下反対になるように貼り合わせてみましょう。すると、以下のように、「**メビウスの輪**」と呼ばれる、表と裏の区別がない輪っかが得られます。

2小節の譜面を透明なメビウスの帯の半分に描くと……

　この譜面を読んでいくと、ちょうど前半2小節が終わったところで、前半2小節の頭の場所のちょうど裏にあたる箇所に戻りますが、なんと前半2小節が上下逆さまになって裏から読む形（つまり、左ページの元の譜面後半の2小節）になっています。つまり、このまま譜面を読み続けると、なんと先ほどの4小節が自然と読めた！ということになります。元の4小節の譜面は、最初の2小節にメビウスの輪構造をいれたものなのですね。

「メビウスの輪」は表と裏がない世界です。いわゆる「表」だと思って読んでいると気づいたら最初の「裏」の世界にたどりついていて、そのまま読み続けると、またいつの間にか最初の「表」の世界に戻っている。通常の譜面は紙の表部分しか使えませんが、メビウスの輪型譜面はいわゆる表と裏両方が使えるので2小節分の紙で2倍の4小節分が表せたということですね。

今回は2小節の透明な紙を使ったので譜面を裏からでも読むことができ、メビウスの帯は「ずらし鏡映型」の4小節になりました。が、メビウスの輪を作るための紙を不透明にして、表に前半の2小節、裏に後半の2小節を上下逆さまに書き込んでおけば、2小節の紙からできるメビウスの輪は、どんな4小節の譜面でも表すことができることになります。これを応用したのが「カセットテープ」です。実は、カセットテープのテープ部分はメビウスの輪構造になっており、普通にカセットテープの片面だけに音情報を記録するよりも、"2倍"テープの利用効率が良くなっているのです！　つまり、テープはA面がいわゆる表に、B面がいわゆる裏に（逆さまに）記録され、それらがメビウスの輪型で連結することで、本来必要なテープの長さの半分で実現できているのですね。数学が応用されて社会の役に立っている好例です。最近のプリンターのインクジェットリボン部分にも、実はメビウスの輪構造が使われています。

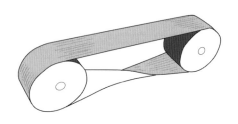

「カセットテープ」のテープのメビウス構造

問題2

　メビウスの輪を作ってみましょう！　また、メビウスの輪を図の点線（帯の真ん中の横線）に沿って半分に切るとどうなるでしょうか？　まずは予想してから、実際に切ってみましょう。さらに半分（4等分）にすると、どうなるでしょうか？

（答えは【寄り道ラボ：切って貼って遊ぼう！】36ページ参照）

半分に切ると……？

さらに半分に切ると……？

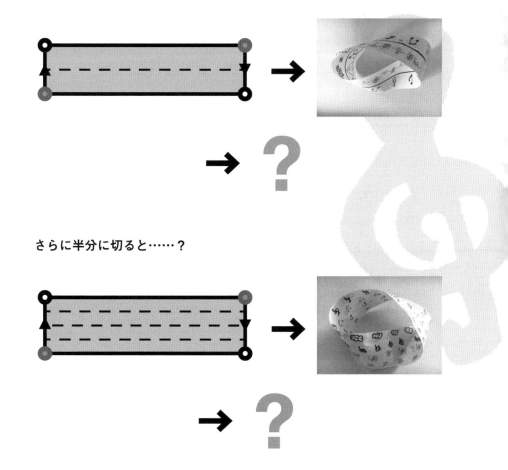

メビウスの輪は、1860年頃発見された比較的新しい概念とされますが、このようにバッハの音楽の中にも、表も裏もない不思議な「メビウスの輪」が隠されているなんて、なんだか神秘的ですよね。

＊

　また、以下の譜面は、『蟹のカノン』と呼ばれるバッハの曲です。この曲は、原則２名で演奏します。最初から演奏する人（Ａくん、右向き矢印）と、最後から逆に読んで演奏する人（Ｂさん、下の左向き矢印）とに分かれて。２人が同時に進むと、真ん中（９小節目が終わったところ）で２人は一瞬出会います！　が、そのまま進み、Ａくんが最後の小節を終えたところでＢさんは最初の小節を逆から読み終わります。（２つの旋律が左右からやってきて互いに交錯する動きが蟹を連想させるため、このような音楽形式は「蟹のカノン」と呼ばれています。）

　ＣＤのトラック15に収録されていますので、ぜひ聴いてみてください。とっても素敵な、バッハらしい世界です。なお、トラック15はステレオ形式やイヤホンで聞くと楽しい仕掛けが施されています！

J.S. バッハ作曲　『蟹のカノン』（『音楽の捧げもの』より）

『蟹のカノン』は、『音楽の捧げもの』という16の曲集の中の3曲目に入っています。この『音楽の捧げもの』には面白い逸話があります。

当時プロイセンを支配していたフリードリヒ大王は、芸術や学問にも造詣が深く、先取的な気性でしたが、バッハのことは半ば疎ましく思っていました。新しいもの大好きな大王にとって、ある意味で古臭い音楽を理知的に生み出し続ける天才大家の存在は、あまり面白いものではなかったのでしょう。

ヨハン・ゼバスティアン・バッハ
(1685-1750、ドイツの作曲家)

フリードリヒ2世
(1712-1786、プロイセン3代目の王)

あるとき、バッハが宮廷の近くまで演奏にやってくるという噂を聞きつけた大王は、バッハに宮廷に来るように命じます。1747年5月7日、62歳のバッハは若き35歳の大王に謁見し、大王はそこで前ページの譜面『蟹のカノン』の最初の8小節をテーマとしてバッハに渡し、なんと6声によるフーガをそこで即興演奏するように命じたとか！　これはある意味でバッハへの嫌がらせですね。

さすがのバッハでも6声のフーガをその場で即興にて作ることができなかったのですが、代わりに3声のフーガを即興で大王の前で演奏し（それでも物凄いことです！）、大王をうならせました。さらに2ヵ月後には、6声のフーガを含む曲集『音楽の捧げもの』をちゃんと完成させて大王に献上し、大王を大いに驚かせたといわれています。バッハもなかなか好戦的です。そのほかにも、バッハは同テーマを用いて、『蟹のカノン』のような対称性を魔法のように散りばめた曲をいくつも作っています。

　なお、カノンとは、『かえるのうた』の輪唱のように同じメロディ（旋律）を違うタイミングで繰り返す形式をいいますが、場合によって平行移動させて追いかけることもあります。
　『音楽の捧げもの』の中には、5度カノン、2度カノンなど（各々半音7つ分、半音3つ分平行移動して追いかける）もあります。「蟹のカノン」は、同じ旋律を逆行して同時に始める、という特殊なカノンです。
　さらには「螺旋カノン」といって、調性が半音2つ分（全音1つ分）ずつどんどん上がり（平行移動：ハ短調→ニ短調→ホ短調→嬰へ短調→変イ短調→変ロ短調→ハ短調）ながら螺旋を描いて天に昇るような特殊なカノンも作り、「調が上昇するように王の栄光も高まらんことを」と添えた曲もあります。対称性を酷使しながら、音の数学的な遊びを加えながら、荘厳で神々しい音楽を生み出し続けたバッハ。やっぱり、凄い！
※注：『蟹のカノン』は音高の上下は変わらないため、メビウスの輪構造は持ちません。

『ゴールドベルク変奏曲』の中に隠れた数学的遊び：カノン形式

　カノンとは『かえるのうた』の輪唱を発展させた音楽形式と言いましたが、先にも少し書いたように平行移動により少しずらして追いかける場合もカノン形式と言います。例えば、そのまま繰り返すときは１度カノン、全音１つ（半音２つ）分上げて繰り返すときは２度カノン、全音２つ（半音４つ）分上げて繰り返すときは３度カノン、全音２つ＋半音１つ（半音５つ）分上げて繰り返すときは４度カノン……のように呼ばれています。

　バッハが作曲した『ゴールドベルク変奏曲「アリアと30の変奏曲」』は、どの曲もアリアで使われている低音主題（今の言葉で言えばコードの主音）を用いていますが、曲によってリズムや曲調などがどんどん変わり、とても素敵な多彩な変奏を繰り広げていきます。中には、悲しい短調の曲もあります。

　実は、この３の倍数の変奏曲のうち第30変奏以外（つまり、第３、６、９、12、…、27）の９曲は、なんと順に綺麗なカノンになっているのです！

　つまり、第３変奏は１度カノン、第６変奏は２度カノン、第９変奏は３度カノン、……、第24変奏は８度カノン、第27変奏は９度カノンというように。

　第30変奏のみ10度カノンではなく、当時の流行歌２つを組み合わせた自由な変奏になっており、最後にはアリアが再び演奏されて完成します。

　バッハは、音楽の中にさりげなく数字や数学的な遊びを隠すのが大好きだったのですね。

以下は、『ゴールドベルク変奏曲』の第3変奏を3声に分けたものです。第1声と2声が綺麗に追いかけっこしている様子がわかるでしょうか？　（CDのトラック16には『ゴールドベルク変奏曲』の第3変奏が収録されています。）

譜面：『ゴールドベルク変奏曲』第3変奏を3声に分けたもの

　なお、バッハは自分を表す数字は14と考え、14を大切にしていました。BACHをアルファベット順に数えると、B＝2、A＝1、C＝3、H＝8となり2＋1＋3＋8＝14だからです。

　一方、現代作曲家アルノルト・シェーンベルク（12音技法で有名）は、1874年9月13日生まれでしたが、13という数字を生涯にわたって恐れていました。そんなシェーンベルクが亡くなったのは1951年7月13日（金）。享年76（7＋6＝13）でした。運命ですね。

　なお、私の誕生日は6月13日です。13に呪われないように注意します……。

column 1
白隠禅師とメビウスの輪

　メビウスの輪とは、長方形の片端を180度ねじり、もう一方の片端に貼り合わせた形の曲面のことです。裏表の区別ができない2次元曲面として有名です。ドイツの数学者アウグスト・フェルディナント・メビウス（1790～1868）とヨハン・ベネディクト・リスティング（1808～1882）が1858年に発見されたといわれています。論文としても、1860年代に提出され、数学界にて正式に認められることとなります。

　さて、その100年ほど前、江戸時代半ばの日本では、一人の禅師が日本の禅の復興に力を注いでいました。その名前は、白隠禅師。廃れてきた禅を復興させるべく、わかりやすい平易な言葉や漫画のような絵を用いて庶民に「禅」を伝えていました。白隠禅師がいなければ、日本の禅は江戸時代に廃れ、妙心寺も今はないのでは……などともいわれています。

　そして、実は、白隠禅師が18世紀後半に残した作品『布袋図』をよく見ると……。なんと、どうも白隠さんは今にも1回ねじって帯をくっつけようとしている！　つまり、メビウスの輪を作ろうとしているのです。

　西洋でメビウスの輪が正式に定義される100年ほど前に、既に日本では白隠さんがメビウスの輪を禅の絵の中に登場させていたのだから、驚きです。とはいえ、禅とは、白と黒、正と悪のような対立を否定し、すべてのものには多義的な側面や矛盾があると説き、言葉やいわゆる論理を超えた世界観を提示することで悟りを得る世界です。そのため、表と裏の区別がないメビウスの輪は、禅の教えにとっても象徴的な存在であったのかもしれませんね。

　日本の文化は奥が深い……。

※このお話は、妙心寺退蔵院の松山大耕和尚（副住職）から教えていただきました！　『白隠禅師の不思議な世界』（芳澤勝弘著）に詳しく書かれています。

『布袋図』のイメージ画。帯の両端に指が見え、くっつけようとしています

寄り道ラボ **切って貼って遊ぼう！** Page_01

　29ページの問題にメビウスの輪を作ったり、それを2等分や4等分にしてみようというものがありました。この問題は非常に面白いものですので、ぜひ、皆さん予想したうえで試してみてください。以下に答えを掲載しておきましょう！

2等分にすると

　1本のつながった（ねじれた）輪っかになる。実は、4カ所でねじれている！（メビウスの輪は1回ねじれ輪っか。半分の所で切ると、周の長さが2倍の4回ねじれ輪っかに変身する）

4等分にすると

　2本の4回ねじれ輪っか（元のメビウスの輪の周の2倍の長さ）が絡んだものになる。

さらに3等分や5等分ではどうなるか、メビウスの輪ではなく2回ねじりの輪っかを半分の所で2等分に切ったらどうなるか、3等分にしたら……なども考えて、試してみましょう。メビウスの輪的な世界の不思議に魅惑されるはずです。

実は、2回ねじれの輪っかは、3次元空間の中ではねじれをなくすことはできませんが、4次元空間の中では、ねじれを解消（0個に）できるのです！イメージとしては、4次元では一部をちょっと未来へ（4次元目を時間と考え、4次元軸の方向へ）引っ張って動かしてから現在に戻すことで、帯が帯を通り抜けたようなイリュージョンを起こすことができます。すると、ねじれていた部分の帯の上下関係を反対に入れ替えることができ、ねじれを2個分減らす（あるいは増やす）ことができるのです。

2回ねじれた輪っか

一方、メビウスの輪（1回ねじれ輪っか）は4次元空間でも表裏の区別がつかず、どのようにグネグネ動かしても表裏の区別がある輪っかにはなりません。でも、2回ねじれの輪っか（これには表と裏の区別がある）は4次元空間の中でねじれが解消（0個に）できます。

同様に、2回、4回……偶数回ねじれの輪っかは4次元空間ではねじれを解消し、ただの（ねじれ0個の）輪っかに直すことができます。3回、5回……奇数回ねじれの輪っかは4次元空間では、グネグネ動かすうちにメビウスの輪（ねじれ1個）に直すことができます。なんとなく……で構いませんので、4次元の動きを想像してみてください。

問題3　※答えは201ページ

　さて、次に、以下のように十字型にくっついた輪っかを、各々の輪っかの半分のところ（図を参照）で切ると、どうなると思いますか？

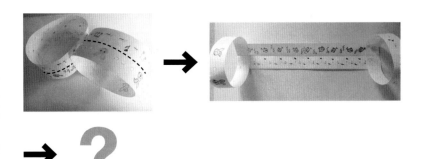

　答えは、やってみてのお楽しみ!!!　ぜひ試してみてください。
　他にもさまざまな形を切り貼りしてどうなるか、を予想し、実際に試して、なぜそうなったのかについても思いを馳せてみてください。それは、きっとあなたの素敵な研究になります。

エッシャー的な絵の中にある対称性

　私がバッハの音楽の中にある対称性に改めて気づき、驚愕した背景には、私たちが東京大学大学院数理科学研究科にて「数理女子ワークショップ」を開催した際に、「対称性」をテーマとしてとりあげたことがあります。

　数学のさまざまな魅力を小さな女の子たちにもっと伝えたい！という思いから、東京大学の佐々田槙子先生や慶應義塾大学の坂内健一先生を中心に『数理女子』というウェブサイトが立ち上がりました。そこで、ウェブサイトにとどまらず、皆と顔をあわせて数学の楽しさを体験的に伝える「数理女子ワークショップ」を開催しよう！という試みが持ち上がったのが2016年4月頃。佐々田先生とともに初回テーマは何にしよう……と、さんざんさまざまな数学者を交えて大議論した結果、私たちが選んだテーマが「対称性」でした。

　対称性は、数学的にとっても面白く深いテーマでありながら、身近な模様の中にもたくさん隠れていて、デザイナーのような立場の方にとっても奥深いテーマです。結晶構造や自然など、化学や生物の世界でも、大切な概念ですね。

「数理女子ワークショップ」での様子

絵画の世界では、だまし絵などでも有名なマウリッツ・コルネリス・エッシャー（1898-1972、オランダの画家・版画家）が、非常に面白い繰り返し模様をたくさん作品として残しており、その中には実に多彩な対称性が隠れています。エッシャーの作品は、時代や文化を越えて人を魅了し、不思議がらせています。

　2016年に開催した「数理女子ワークショップ」では、午前中はさまざまなエッシャー的作品からいろんなこと（対称性に限らず）を自ら「発見」してもらい、自由にオリジナルな視点で絵を分類してもらった後、少しだけ対称性の世界の数学的な奥深さをのぞきました。

　午後にはデザイナー×数学者の座談会を設けたあと、「エッシャーになろう！」と対称性を用いた作品創りに挑戦。小中学生の女の子の部屋と、お母さんの部屋に分かれて終日とても楽しく過ごしました。（「数理女子ワークショップ」は、お母さんにも、娘さんとまったく同じワークショップを体験していただくのが特徴です。事前アンケートでは数学を嫌い・苦手……という方が多かったにもかかわらず、当日は、どちらの部屋も多様な発見や創作を通じて大いに盛り上がりました！）

　この「数理女子ワークショップ」ではエッシャーの作品やアイディアを元にいろいろな発見や創造を繰り広げたのですが、ワークショップを終えて数ヵ月たったある日、ふと、バッハの音楽にもエッシャーの作品にて考察したような（深い）対称性の考察が適用できるのでは、と気づきました。譜面を見直してみると、ザクザク現れる対称性の不思議！ワクワクしました。

　ここからは、「数理女子ワークショップ」内で考察したように、まずはエッシャー作品のような「繰り返し模様の絵」の中に潜む対称性につ

いて、もう少し追究してみましょう。

　以下、エッシャーの作品ではなく恐縮ですが、エッシャーに刺激されて私や家族が作った作品を掲載します。

　さて、皆さんはこの絵たちを見て、何を発見しますか？　また、どの絵とどの絵が似ていると思いますか？（答えは自由です！　例えば、どの作品にも「目」があるとか、可愛いところが似ている、などでも構いません。どの発想も素晴らしいものです。あなたなりの発見や分類をいくつもいくつも創り出してみましょう。）※次ページにも絵があります。

①小鳥さん

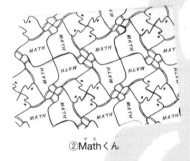

②Math（マス）くん

③どんぐり帽子の女性

④魔法使い

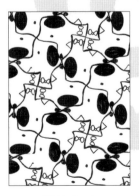

⑤ワンちゃん

⑥オバケくん

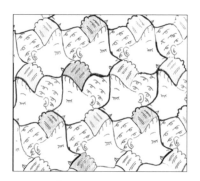
⑦ヘッドドレスの女性

問題4

　①〜⑦の絵の中に平行移動対称性、線対称性、回転対称性を探してみましょう。回転対称性はどの点を中心に何度回転させても重なるか、確認してみましょう。ただし、いずれの作品も、心の眼で、四方八方にまで絵は無限に連なっているものとして考えてください。

　では、次に、問題4の答え合わせといきましょう。

　まず、①小鳥さんは、右方向への平行移動対称性、上方向への平行移動対称性があります。斜め方向への平行移動対称性もありますが、斜め平行移動は右と上の平行移動を組み合わせて表せるので、本質的には右と上の2方向の平行移動対称性があるといえます。

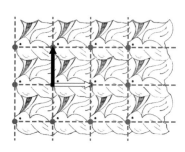
①小鳥さん：2方向の平行移動対称性

②Mathくんも同様に右、上への平行移動対称性がありますが、他にも回転移動対称性が発見できたでしょうか？　どこを中心とする、何度の回転対称性があるでしょうか？

例えばTシャツの裾（黒い点）は90度回転の中心になっていますね。また、上唇の先（グレーの点）も90度回転の中心になっています。手の先っぽ（白い点）も回転の中心になっていますが、ここは90度回転で重なるでしょうか？

手をよく見てみましょう。実は、右手と左手が交互に並んでいるので、90度回転では手は重ならないのです！　つまり、ここは180度回転対称性（点対称）の中心です。

実は、90度回転対称性の中心が３種類あるような絵は存在せず、90度回転対称性が２つ発見できたら、絶対にどこかに180度回転対称性の中心がある！ということが数学的に証明できるのです。

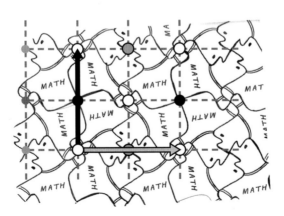

②Mathくん：２方向の平行移動対称性、
90度回転対称性２種、点対称性１種

③以降は答えのみ掲載します！　答えを見る前に、まずは自分でいろいろと考えてみましょう。

> **答え**

③どんぐり帽子の女性

　本質的に2方向の平行移動対称性、3種類の120度回転対称性（中心は、帽子の先：黒い点、帽子の後ろ：グレーの点、あごの先：白い点）

③どんぐり帽子の女性の対称性

④魔法使い

　本質的に2方向への平行移動対称性、60度回転対称性（中心は、洋服の裾：グレーの点）、120度回転対称性（中心は、帽子の先：黒い点）、180度回転対称性（中心は、洋服の手のひらひらした部分の途中：白い点）

④魔法使いの対称性

⑤ワンちゃん

　本質的に２方向の平行移動対称性、２種類の90度回転対称性（中心は、首の先：黒い点、頭の先：白い点）、180度回転対称性／点対称性（中心は、鼻の先：グレーの点）

⑥オバケくん

　本質的に２方向の平行移動対称性、線対称性（軸：オバケくんの真ん中の線）

⑦ヘッドドレスの女性

　本質的に２方向の平行移動対称性、線対称＋平行移動を合成した「ずらし鏡映」
※右を向いている人を少しずらしてから裏返すと、左を向いている人になります。

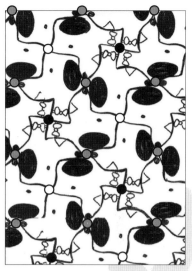

⑤ワンちゃんの対称性

⑥オバケくんの対称性

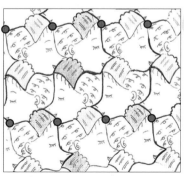

⑦ヘッドドレスの女性の対称性

このように、2次元の繰り返し模様の中には、いろんな対称性があります。②Mathくんと⑤ワンちゃんは、絵としては全然違っても絵が持つ対称性が同じです。逆に、似たような絵でも対称性がまったく違う場合もあります。
　いったい、繰り返し模様の対称性は、どのくらいの種類があるのでしょうか？　無限にあるのかな？　少し想像してみてください。

繰り返し模様の元

　エッシャーは、非常に効率が良い画家で（笑）、例えば①の小鳥さんは、全部を描かなくても小鳥さん一羽をコピーして切り取ってたくさん作れば全体が作れてしまいます。小鳥さんを切り取るのが大変！という場合は、以下のように正方形を切り取ってコピーしても良いですね。正方形の中にある小鳥の輪郭で切って、うまく組み合わせれば、一羽の小鳥さんになります。つまり、この正方形の面積と小鳥さんの面積はまったく同じです。

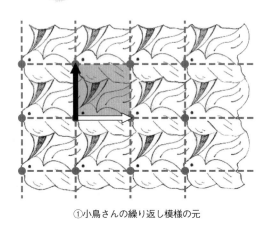

①小鳥さんの繰り返し模様の元

　②のMathくんはどうでしょうか？　平行移動対称性を考えると、図に

書いた大きな正方形（うすいグレー部分）を切り取る形になりますが、Mathくん1人をコピーしても良いはず。あるいは、以下のように大きな正方形の1/4の小正方形（濃いグレー部分）が全体を生み出す種になります。

※小正方形をうまく切り貼りすると、Mathくんになることを確認してみましょう。

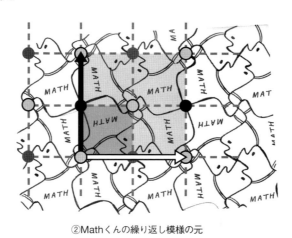

②Mathくんの繰り返し模様の元

問題5

41、42ページにある他の絵たちからも、繰り返しの元となる図形（正方形を含む四角形、三角形など）を探してみましょう。

答えは無数にありますが、なるべく綺麗な形で繰り返しの元を探してみると、どんなものが見つかりましたか？　以下の濃いグレーの部分は一つの繰り返しの元の答えですが、それ以外にも綺麗な答えはあります！　ぜひ、別解も探してみてください。

答え ※以下は一例です。ほかにもあります。

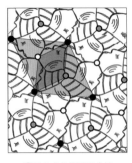

③どんぐり帽子の女性
60度、120度のひし形

④魔法使い
正三角形

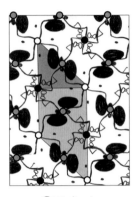

⑤ワンちゃん
直角二等辺三角形

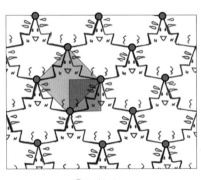

⑥オバケくん
小正方形

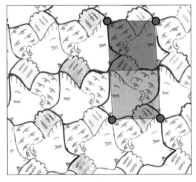

⑦ヘッドドレスの女性
正方形

※オバケくんの繰り返し模様の元は、オバケくんの右半分の直角二等辺三角形でもよいですが、上の図のように小正方形でもよいのですね。

　このように繰り返し模様の絵は、ある「繰り返しの元」からできており、その元の形には、正方形や正三角形、直角二等辺三角形、ひし形（60度120度）などがあるようです。

　この形は、繰り返し模様の対称性について、ある程度「知っている」といえます。

対称性を空間で見る

　より深く見ていくと、対称性は実は数学的には「空間」としてとらえることができます。いったい、いきなり「空間」なんて、何のことを言っているの!?と思われるかもしれません。
　少しだけ難しくなりますが、実際に具体例を見てみましょう。
　なお、このあたりのお話は大学でも数学科レベルのお話です。その割には簡単にイメージで理解できますので、数学の深淵をこっそりのぞき見て体感する気持ちで、大らかに読んでみましょう。

　最初の小鳥さんの繰り返しの元である正方形をよく見てみましょう。
　実は左辺を下から上にアリさんが歩いたとき見える風景と、右辺を下から上にアリさんが歩いたときに見える風景がまったく一緒であること、わかりますか？
　同じように、上辺を左から右へアリさんが歩いたときと、下辺を左から右へアリさんが歩いたときに見える風景もまったく同じです。

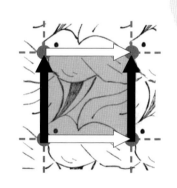

　まったく同じなのならば、「同一視」して（セロファンテープで？）貼り合わせてしまおう！というのが数学の考え方です。すると、左辺と右辺をまず（同じ方向で）貼り合わせると、次のページの図のように長細い円筒ができます。さらに、上辺と下辺を（同じ方向で）貼り合わせると（わかりにくければ円筒をギューッと上下に伸ばしてから上円と下円を同じ方向にくっつけてみましょう）、図のようにドーナツのような形になります。これはトーラスと呼ばれます。

このように、数学では、①小鳥さんの対称性を「トーラスという空間」でとらえるのです。

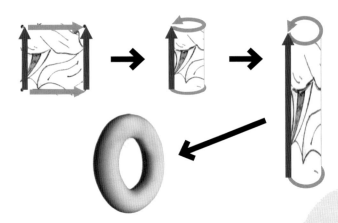

①小鳥さんの対称性を表す空間

　では、Mathくんではいかがでしょうか？
　Mathくんでは図のような小さな正方形をよく見ると、実は今度は左辺（下から上）の周囲と上辺（右から左）の周囲がまったく同じものになっているとわかります。また、右辺（上から下）の周囲と下辺（左から右）の周囲もまったく同じです。各々貼り合わせると、図のように、2辺が縫われた直角二等辺三角形のナプキン、あるいは座布団（中には空気が入っている）になります。つまり、②Mathくんの対称性を表す空間は、直角二等辺三角形の座布団です。

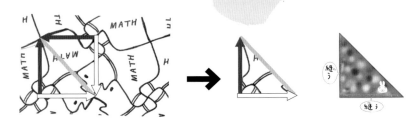

②Mathくんの対称性を表す空間

問題6

他にも、③〜⑦の絵たちの対称性の空間がどうなるか、考えてみましょう。

ちょっと不思議な空間が現れますが、まずは答えをご紹介します。

③どんぐり帽子の女性
正三角形の座布団

④魔法使い
30度、60度、90度の
直角三角形の座布団

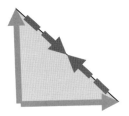
⑤ワンちゃん
直角二等辺三角形の座布団

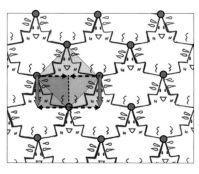
⑥オバケくん
メビウスの輪

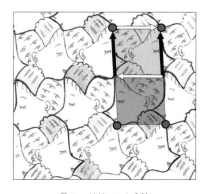
⑦ヘッドドレスの女性
クラインの壺

少し空間が見えてきたでしょうか？

51

column 2
数理女子ワークショップなど：多様な掛け算活動

『数理女子』(www.suri-joshi.jp)は、女性に数学の魅力をもっと届けたいという想いから、数学者の佐々田槇子准教授や坂内健一教授を中心に作られた素敵なサイトで、私も当初よりいろいろと協力させていただいています。数学が社会のどんな所で役立っているのか、など、多彩な角度からの数学話や数学関連のイベント・映画情報等が掲載されています。2016年からは「数理女子ワークショップ」を開始しました。現時点での対象は、小学校高学年＆中学校の女の子とお母様。女の子とお母様は原則2部屋に分かれ、同じ内容を体験します。

事前アンケートでは「数学が大嫌い！」とか「苦手……」という方も多数。当日は皆、ワイワイ賑やかにお話しをしながら、答えが1つではない、自由な数学を楽しんでいただきます。すると、「数学に対する見方が変わった」「楽しかった！」「好きになった」など、とても嬉しい言葉を頂戴できています。

「数理女子ワークショップ」の大テーマは「あなたも数学者！」。やはり数学の一番の醍醐味は、自分なりに何か数学的な不思議を発見したり、予想したり、創ったり……という、主体的な自分だけの「研究・探究」部分。その楽しさはいわゆる大学の数学者に限らず、地球上の多くの方に体験してもらいたいし、可能である！という思いが込められています。小テーマは「数学を発見する・数学で創る」。そのもとで、数学×デザインや数学×サイコロ・ゲーム等、身近なものと掛け合わせながら数学の深い魅力（最近の研究を含む）をなるべく五感を用いてお伝えできるよう、力を尽くしています。

なお、私は現在、他にも、同じような想いをもって、音楽×数学やスポーツ×STEAM※、農業×STEAM等、多彩な「掛け算」活動を幼児からご老人までを対象に展開しています。異分野「掛け算」による創造的なplayful learningの模索は本当に楽しいもの。私自身が刺激を受け、成長させていただいています！

※STEAMはScience（科学）、Technology（技術）、Engineering（工学）、Art（芸術）、Mathematics（数学）のそれぞれの単語の頭文字をとったもの。

column 3
クラインの壺について

　前項の絵の1つで、ヘッドドレスの女性の対称性を表す空間として現れた「クラインの壺」とは、3次元空間での「メビウスの輪」と同様、表と裏の区別がつかない曲面です。メビウスの輪には境界（縁）がありましたが、クラインの壺には境界もありません。

　先に見たように、左側と右側の辺は普通の方向同士で貼り合わせ、上と下の辺は反対向きに貼り合わせるとクラインの壺を作ることができるのですが、実際にやってみるとわかるように、3次元空間では、先に貼り合わせた部分が邪魔をして2回目の貼り合わせができません。でも、4次元空間の中では自由度が増すので、この2回の貼り合わせが可能になります。

　3次元空間で無理やりクラインの壺の「様子」を表現すると、以下のように自己交差したような形になります（4次元では、ここが例えば一部は未来方向に伸びているので自己交差せずにすみます）。そのため、クラインの壺は4次元以上の空間の中で初めて実現できる曲面といえます。

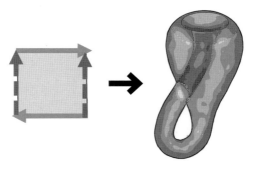

クラインの壺

クラインの壺は、歴史的にはドイツの数学者フェリックス・クライン（1849-1925）が考案したといわれています。
「ヘッドドレスの女性」の作品の対称性は、このような不思議な曲面によって表されていたのです！

　一方、以下のように、左側と右側の辺も反対方向に貼り合わせ、上と下の辺も反対向きに貼り合わせてみましょう。やはり、3次元空間では、先に貼り合わせた部分が邪魔をして2回目の貼り合わせができませんが、4次元空間の中では自由度が増すので、この2回の貼り合わせが可能になります。こうしてできた空間は、数学では「実射影空間」と呼ばれます。

　実射影空間を3次元でイメージとして表現するのは難しいのですが、心の眼で想像してみてください！（ヒントとしては、実は、実射影空間とは、メビウスの帯の周に円板を巻きつけてできます。3次元空間では無理ですが、4次元空間ではできるのです。）

実射影空間

曲の対称性の空間は？

では、バッハの曲たちの対称性の空間はどうなっているのでしょうか？

例えば、練習曲として有名な『インベンションNo.1』には以下のようにたくさんの対称性がありますが、なかでも以下のように矢印を入れた平行四辺形の所は平行移動が2種類あり、各々貼り合わせるとドーナツ（トーラス）になります。

冒頭の「ドレミファレミド」に対し、

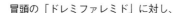

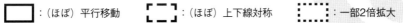

では、25ページ（**バッハが対称性を用いて作った不思議な曲を見る・聴く**）に出ていたバッハの『14のカノンNo.5（BWV1087）』はどうでしょうか。

『14のカノンNo.5（BWV1087）』の対称性を表す空間は？

これは音の高さ方向の繰り返しはない（時間方向には逆方向にコピーされている）ため、先ほどもご紹介したように図の矢印同士を貼り合わせたメビウスの帯が対称性空間の正体です。この譜面の2つの矢印を、向きを揃えて貼り合わせるとメビウスの帯になります。
※この場合は、上辺と下辺には関係はないと思ってよいため、空間にはなりません。

では、『蟹のカノン』はどうでしょうか？

Crab Canon

J.S.Bach

『蟹のカノン』の対称性を表す空間は？

これは先に登場した「ヘッドドレスの女性」の2段分に似ていることがわかるでしょうか？

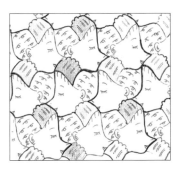

ヘッドドレスの女性

　この対称性の空間は、先に見たようにクラインの壺と呼ばれるとても不思議な空間になります。ちなみに、エッシャーはバッハの『蟹のカノン』に啓発されて、同名の絵画を描いたといわれていますが、残念ながらこちらの対称性は曲の対称性とは少し異なります。

　エッシャーの『蟹のカノン』は、ずらし鏡映対称性だけでなく、1匹の蟹自体が左右対称になっています。さらに点対称も1種類あります。つまり、エッシャーの『蟹のカノン』作品は、バッハの曲『蟹のカノン』や前出の「ヘッドドレスの女性」より、対称性を豊富に持っているといえます。エッシャー、惜しい！　エッシャーのこの作品を見る機会があれば、対称性の視点からも味わってみてください。

　このように、数学では、繰り返し模様の対称性を空間としてとらえることで、対称性についての考察を幾何的に深めることができます。ちょっと不思議な物語のような気がしませんか？

さて、ここから、さらに不思議な数学の物語が始まります。

ここまでバラエティに富んだ対称性を見てきたわけですが、なんと、1924年、平面上の、本質的に2方向の平行移動対称性を持つような繰り返し模様の対称性の種類は、実はたった17種類しかない!!!ことが数学的に証明され、数学者達をも驚かせました。

どう頑張っても「18種類目の繰り返し模様の対称性は絶対作れない」なんて、不思議ではないでしょうか？

もちろん、対称性が同じでも絵が違えば作品は無限に多く自由に作ることはできます。でも、平面の（本質的に2方向の平行移動対称性を持つ）繰り返し模様に許される対称性は17種類のみ。なお、結晶構造のように3次元の中の繰り返し模様の対称性の種類は230個であることが知られています。

……対称性の世界は、奥が深いのです。

column 4
エッシャーとアルハンブラ宮殿

　先にも記載しましたが、マウリッツ・コルネリス・エッシャー（1898-1972）はオランダの画家・版画家です。数学的なアイディアを用いただまし絵や繰り返し模様も有名で、世界中にファンがいます。エッシャーが繰り返し模様を手がけはじめたきっかけは何だったのでしょうか。

 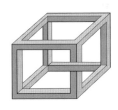

マウリッツ・コルネリス・エッシャー（1898-1972、オランダの画家・版画家）とだまし絵

　イスラム教では、偶像崇拝が禁じられています。そのため、神の神秘や偉大さを感じさせるような模様として、さまざまな美しいモザイク模様を生み出してきました。イスラム文化におけるモザイク模様は非常に数学的に巧妙にできており、その複雑さはもはや人間業を超えた神を感じさせるものも多く、人々はモザイクを前にして敬虔（けいけん）な気持ちになります。

スペインのグラナダにある
アルハンブラ宮殿

24歳の頃にアルハンブラ宮殿を訪れたエッシャーは、そこに描かれた実に
摩訶不思議なモザイクの繰り返し模様を前にして、大きな衝撃を受けました。
「こんな絵が描きたい！」と熱望したエッシャーは、以来、何度もアルハンブ
ラ宮殿を訪れ、繰り返し模様の習作をたくさん描きますが、全然うまくいかな
い。ついにエッシャーは一度、あきらめることとなります。

　しかし、38歳の頃、再度アルハンブラ宮殿を訪れる機会を得て、またして
も感動したエッシャー。繰り返し模様の魅力を手中にいれることをあきらめき
れなかったエッシャーは、お兄さんから結晶学（3次元の繰り返し模様）につ
いて学んだり、ジョージ・ポリアが「平面の繰り返し模様の対称性には17種
類しかない」と証明した論文を必死に読んだそうです。

　そして、再び「繰り返し模様」への挑戦を開始し、ついに、エッシャー独自
の「繰り返し模様」の描き方を編み出します。長年の悪戦苦闘と研究の成果で
した。

　それ以来、エッシャーは、実にさまざまな不思議な繰り返し模様の作品を残
し、独創的な新しい芸術領域を開拓しました。

　それにしても、エッシャーのような天才画家でも、いろんな悪戦苦闘を繰り
返しているのですね。むしろ、だからこそ、真に独創的なアイディアが生まれ
ているのかもしれません。

　なお、アルハンブラ宮殿に描かれたモザイク模様には、なんと17種類の対
称性がすべて現れるそうです。イスラム文化は凄い！　20世紀になって平面
の対称性は17種類しかないと証明される遥か以前から、その全種類を見事に
探し当てていたのですから。

でも、実は、日本も負けていないのです。2002年、以下のような着物などに使われる伝統紋様にもさまざまな対称性を持つ繰り返し模様が使われており、着物の伝統紋様にも17種類の対称性がすべて含まれていることが発表されました。さすが日本！

　……結局、人間の想像力というものは普遍的に凄いのでしょう。数学を知らずとも、デザインを究極に探し求める人は数学的にも深い境地に知らず知らずのうちにたどり着くでしょうし、数学を究めていこうとする人はデザインの分野でも驚くような新しい発想に出会うのだと思います。どの世界も、実は奥の奥で深く絡み合いつながっているのだと、私は感じます。

アルハンブラ宮殿の建物の内部に見られる、対称的なモザイク模様や建築様式

着物のさまざまな伝統紋様

菱紋（ひしもん）　七宝（しっぽう）　毘沙門亀甲（びしゃもんきっこう）　麻の葉

繰り返さない平面のタイリング!?

　不思議な、平面全体の敷き詰めタイリングとして有名なものに、イギリスの数学者・物理学者ロジャー・ペンローズが作った「ペンローズ・タイリング」があります。

　ペンローズ・タイリングとは、2種類のひし形（72°と108°のひし形、36°と144°のひし形）から構成されます。これは、どの方向にも繰り返さない（平行移動対称性を持たない）けれども5回回転対称性は持つ、という変わった敷き詰めであり、非周期充塡の一種として知られています。

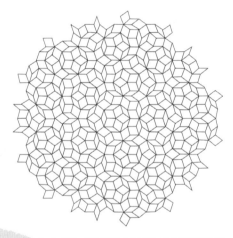

ペンローズ・タイリング（2種類のひし形による非周期充塡）

　化学の世界では、イスラエルの化学者ダニエル・シェヒトマンが、「3次元のペンローズ・タイリング」といえるような周期的な構造をした準結晶を見出し、2011年ノーベル化学賞を見事受賞しました。自然界の中にも、ペンローズ・タイリングのような、非周期充塡の物質状態があり得るとわかったことは、人類にとって、とても大きな発見だったのです。

結晶は、一般的には周期的に空間全体を敷き詰める「３次元充塡」になっており、対称性が高い構造になっているからこそ、硬く結束します。ところが、一般的に平行移動対称性（並進対称性）を持っているとしたら１、２、３、４、６回回転対称性こそあれど、５回回転対称性があるはずがないにも関わらず、シェヒトマンたちが1984年に発見した物質は５回回転対称性を持つとわかったのです！

　調べていった結果、この準結晶は、平行移動対称性による繰り返しはないけれど、５回回転対称性は持つような、３次元版ペンローズ・タイリングの構造になっていることがわかり、世界に衝撃を与えました。

　なお、長い間どのように作られたのかがわからなかった中世イスラム建築の「ギリー」という幾何学模様は、実は本質的にペンローズ・タイリングであることが、2007年科学論文として発表されました。やはり、イスラム芸術は、数学的に奥が深い……。

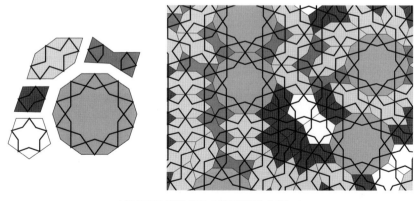

中世イスラム建築に現れる幾何学模様「ギリー」

63

第2章

さまざまなリズムの
グルーヴと数

～気持ちがいいグルーヴの背後にひそむ「数」～

心身から沸き立つ〝グルーヴ〟

　あなたは、何か好きなロックバンドや歌謡曲などはありますか？

　おそらく、好きなバンドのライブに行ったときやカラオケで歌うとき、まるで計算をするように必死にリズムを数えることは……あまりないですよね。むしろ、リズムなんか数えなくても、自然と身体が揺れ始め、ノリ始め、心身ともに力が抜けて気持ちよくなってくる……この時、あなたは「グルーヴを感じている」状態です。

「グルーヴ」は、定義が難しいのですが、ある種の高揚感を表す、非常に感覚的で人間的な音楽のノリ方です。

　リズムは、往々にして１、２、３と数えることができます。でも、実際に音楽を楽しんでいるときは、論理や理性ではなく、おそらく感性で気持ちよく感じていますよね。特に「リズム」は、一番人を「ノセテくれる」素敵な魔法です。ジャズでも、最初は硬い姿勢や表情で聴いていた方が、音楽がノッてくるにつれて徐々に首を振り始め、ゆらゆらリズムに合わせて身体を動かし、表情からも力が抜けてきます。これは、まさに「グルーヴ」している状態。もともと「グルーヴ」とは、アナログレコードの溝の状態を表したそうですが、波やウネリといったイメージから黒人音楽（レゲエ、ソウル、ジャズ、ファンク等）のノリに転じ、今ではポピュラー音楽全般でも「ノレる、気持ちがよい素晴らしい音楽」の意味で使われています。

　なお、リズムは数えられると先ほど書きましたが、実際は、人間が作り出す「リズム」は、ちょっぴり遅れたり、ちょっぴりつんのめったりと訛っていることがあり、そこが独特の気持ちよさを出すことがあります。伝統音楽、サンバ、演歌、ジャズ……各々の音楽分野には独特のノ

第２章　さまざまなリズムのグルーヴと数

リがあり、それは譜面に書き表すのが非常に難しいものです。同じ譜面でも、ちょっとしたリズムの入り方、伸ばし方、スピード感等が違えば、その「グルーヴ」感も変わってきます。論理的には十分わからなくても感覚が教えてくれる「グルーヴ」感。「グルーヴ」は、ある意味で、音楽の最高の醍醐味の1つといえます。

　この章では、敢えて数学を用いて、さまざまな気持ちの良い不思議な「グルーヴ」を生み出している「リズム」の秘密を、少しのぞいていきます。世界には無限に多様な素晴らしい摩訶不思議な「グルーヴ」がある。その背後にうごめくリズムの秘密を、数学の世界から、ご一緒にのぞいていきましょう！

リズムを生み出す "拍子" とは？

　音楽には、3つの要素があるといわれます。メロディとリズムと音色。どの要素も音楽にとって、とても大切です。私自身、メロディ（歌）の力にはいつも励まされますし、リズムには思わず身体や心を奪われます。そして、珠玉の音色には、深い感動をもらいます……。

　このうち、リズムは、ある意味で一番原始的な音楽要素だと思います。音階などがなくても、身近なものを叩けばリズムは生み出せるのですから！　そして、リズムこそが、"グルーヴ感" を生み出すための、一番大切な鍵であることは間違いありません。
　歴史上、いつ頃から人間が身近なものを叩いて音楽を創り始めたのか、はわかりません。でも、太鼓のリズムは人間にとって根源的な何かを呼び起こす力を持っているような気がします。

67

リズムは、数とも密接な関係があります。

　１、２、３、４と数えるのもリズムですし、１小節を１だと思えば４拍子の１拍は1/4になります。32小節の曲全体を１だと思えば、１小節は1/32になりますし、逆に４拍子で64小節ある曲には256拍ありますね。

　このように何を１だと思うか、は、毎回違うかもしれませんが、１を決めたときには、さまざまな音の不思議は数の不思議に読み替えられ、数の魔術がいろんな緊張感やゆるみを生み出します。

　つまり、音楽家、特にパーカッショニストとは、数の魔術師だともいえます。

　リズムとは、「時間」軸にどのように音を置くか、という数の遊びであり、音楽の中でも、人の心や身体を自然と躍らせたり揺らせたりしてくれる、とっても大事な要素。

　難しく言えば、リズムとは、時間軸という一次元空間（直線）をどう敷き詰めるか、という数学の問題ともいえます。

　皆さんは３拍子や４拍子という言葉を聞いたことがありますよね？一般的に、騎馬民族はパッカパッカ馬が走る音に慣れているため、３拍子の曲が多く、農耕民族は鍬を振り下ろす作業が２拍子だから２拍子、または４拍子が多い、といわれています。

第２章　さまざまなリズムのグルーヴと数

68

騎馬民族はパッカパッカ　　　　　農耕民族はザクザク

　私たちは、いわゆる音楽を奏でていないときでも拍子を感じています。例えば、歩くとき、右足、左足、右、左、……と踏み出しますが、これはある意味で2拍子といえます。また、心臓の拍動や呼吸は原則1拍子、能の音楽のようにゆったり進むなかで、ときどきポンっと鼓が鳴り響くような音楽は無拍子（0拍子）といえるかもしれません。太陽の動きは1日拍子、地球の公転は1年拍子なんて呼べるかもしれません！

　拍子とは、ある意味で時間方向の繰り返し運動（繰り返し模様）です。ほかに、身の回りでどんな拍子があるか考えてみましょう。

　一方、世界には本当にいろんな拍子があります。例えば、トルコのカルシュラマは9拍子（2+2+2+3）、ブルガリアの国の踊りであるコパニッツァは11拍子（2+2+3+2+2）ですし、ラチェニッツァは7拍子（女性バージョンは2+2+3、男性バージョンは3+2+2）など、いろんなバージョンがあります。

　このような、5、7、9、10、11拍子などは、「普段耳慣れない変な拍子である」という意味で、私たちは変拍子と呼んでいます。東欧の方

にとっては「変じゃない拍子」かもしれませんが……。（5以上の奇数拍子を変拍子と呼ぶこともあります。）

さらに、不規則拍子も変拍子といわれることがあります。不規則拍子とは1つの曲の中で拍子がコロコロと変わる曲のことです。不規則拍子は意外性から人を驚かせるようなものが多いですが、なかにはとっても自然で不規則であることに全然気づかないような曲もあります。

皆さんがおそらく知っているあの名曲『あんたがたどこさ』も、実は不規則拍子の代表曲なのですが、ご存じでしたか？

『あんたがたどこさ』（日本のわらべ歌）

譜面を見ていただくとわかるように、『あんたがたどこさ』の譜面には、4分の4拍子や4分の3拍子、4分の2拍子がコロコロ現れます。これらはすべて4分の4拍子などで考えてしまうと、途中が不自然になるので、やはりここは歌い回しにあわせて4分の4拍子、4分の2拍子、4分の3拍子、4分の3拍子、4分の4拍子、4分の2拍子……と考えるのが自然だと思います。

CDのトラック13を聴いて、拍子が変わる様子を確認してみましょう。

　でも、実は、『あんたがたどこさ』は局所的には不規則であるにも関わらず、全体を通してはとても美しくまとまった曲になっているのです。それを試すために、2人で次のような遊びをしてみましょう。

> アクティビティ

『あんたがたどこさ』遊び

1．Aさんは、「あんたがたどこさ」にあわせて、下・上・下・上と手を振り、2拍子の指揮をします。最初（「あんた」）は上から下に手を振り下ろし、次に（「がた」）下から上に手を振り上げます。これを拍にあわせて繰り返します。

2．Bくんは、「あんたがたどこさ」にあわせて、反時計周りに3拍子の指揮をします。最初（「あんた」）は上から左下へ手を振り下ろし、次に（「がた」）左下から右下へ手を振り、3拍目（「どこ」）では右下から上へ手を振り上げます。これを拍にあわせて繰り返します。

3．「ちょいとかぶせ～」の「せ～」で2人の手がともに上にあがったら成功！

　どうでしょう？　うまくいきましたか？

「なぜ2人が最後ともに手があがるのか」について、しばらく考えてみましょう。

・Aさんが上に手を振り上げるのは何拍目でしょうか？（2拍目、4拍目……）
・Bくんが上に手を振り上げるのは何拍目でしょうか？（3拍目、6拍目……）
・AさんとBくんが同時に手を振り上げるのは何拍目でしょうか。

（1分くらい考えてみてください！）

　もう、おわかりかもしれませんが、この遊びの秘密は全体の拍数にあります。実は最初から1、2、3……と数えていくと、「せ」のところで48になるのです。48というのは、6の倍数です。つまり、2の倍数でもあり、3の倍数でもあります。だから、最後の「せ〜」で同時に手が振り上がるのですね！

　48は2、3、6の倍数であるだけでなく、4、8、12、16、24の倍数でもあります。約数がたくさんありますね。しかも、2や3といった基本的な素数から創られる綺麗な数たちの倍数になっています。だからこそ、全体として聴いていても調和がとれているのですね。
※先の譜面では、1段目が18小節、2段目が16小節、3段目が14小節になっています。このバランスもなかなか綺麗ですね。

　これが47だったり、46や40だったとすると、少し違和感が生じるかもしれません。もちろん、敢えて違和感を感じさせることで、独特の雰

囲気を生み出すこともできますが、『あんたがたどこさ』のように日本人の素朴な民謡には、たとえ局所的には不規則であっても、全体では48のような数字が隠れていたりするのです。

なお、日本だけでなく、世界にも、このように歌い回しの節に応じた不規則拍子の曲がたくさんあります。ぜひ、探してみましょう。

変な拍子：不思議なグルーヴ

アクティビティ

変拍子を刻む

今度は手を叩いてみたり、机を指で打ったり……好きなやり方でやってみてください。

1．同じ5拍子でも3+2（タンタ、タン）と2+3（タン、タンタ）ではグルーヴ感がかなり違います。しばらく3+2で繰り返した場合と、2+3で繰り返した場合で比べてみましょう。

（参考：CDトラック19）

※ブルガリアのパイドゥーシュコというダンスは2+3型の5拍子です。

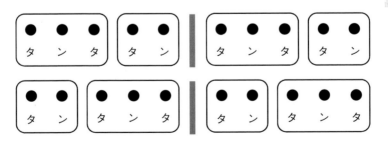

3＋2と2＋3の5拍子の様子

73

2. 7拍子も、2や3のまとまりに分ける分け方がいくつかあります。どんな分け方がありますか？ 各々に対して手を叩いてみて、グルーヴの違いも感じてみましょう。

　例えば、先にも書きましたが、トルコのカルシュラマは9拍子、ブルガリアの国の踊りであるコパニッツァは11拍子、ラチェニッツァは7拍子です。

　東ヨーロッパでは、もちろん、こうした拍子は身体になじんでおり、特段数えたりすることなく自然に踊っているのですが、私たち日本人にとっては実に不思議で、難しい複雑なリズムです。なかなか11拍子の曲なんて出会わないですよね！

　東ヨーロッパの人のグルーヴ感にはなかなか追いつけないかもしれませんが、少しだけヒントとなる考え方があるので、ご紹介します。

　東ヨーロッパでは、2拍のまとまりをquick（タン）、3拍のまとまりをslow（タンタ）と呼んで、2と3の組み合わせで大きな拍子をとらえています。slow（タンタ）はスキップのリズムですね。

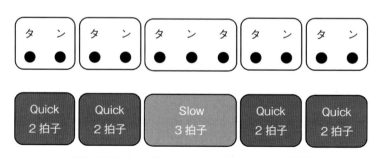

11拍子の分け方の一例：2+2+3+2+2（コパニッツァの場合）

例えば、ブルガリアのラチェニッツァの女性バージョンは、2+2+3の7拍子ですが、パナギュールスコは3+2+2の7拍子です。ブルガリアの中にも実にいろんな拍子があって、同じ7拍子でも全然違うグルーヴだったりするわけです。東ヨーロッパを訪れることがあったら、ぜひ現地のさまざまな民族音楽の不思議なグルーヴを楽しんでみてください。

問題7

　では、ここでCDのトラック1、2、3を聴いてみましょう。各々何拍子であるか、わかりますか。

トラック1：『みつばち』（作曲：中島さち子）
トラック2：『Brala Moma Kapini』（マケドニア伝統音楽）
トラック3：『バジリスク』（作曲：相川瞳）

実は、トラック1は5拍子（途中少しだけ4拍子あり）、トラック2は9拍子、CDトラック3は11拍子（途中に少しだけ12拍子あり）なのです。マケドニアの音楽に代表されるように、実は東ヨーロッパやインドなどでは、5、7、9、11などの数の拍子の曲がたくさん溢れています。

　例えば、トラック1『みつばち』をもう一度聴いてみましょう。5=3+2のように分かれているのがわかるでしょうか？（1、2、3、1、2、1、2、3、1、2、1……と数えながら聴いてみましょう。）※より細かく視ると、伴奏は1.5+1.5+1+1のリズムで流れています。

　トラック2のマケドニア音楽はいかがでしょうか？　こちらは、9=2+2+2+3となっています。カルシュラマも、9=2+2+2+3です（タン、タン、タン、タンタ）。

　トラック3『バジリスク』はどうでしょうか？　この曲は複雑です。最初の1小節は、11=2+2+2+2+3（タン、タン、タン、タン、タンタ）ですが、2小節目は11=2+2+3+2+2（タン、タン、タンタ、タン、タン）になっています。
　曲が本格的に始まると基本は、2+2+3+2+2（タン、タン、タンタ、タン、タン）のグルーヴになっており、これはコパニッツァのグルーヴと同じです。

　※なお、曲の途中、とても乗りやすい3拍子のようになるところがあります。が、実のところ3拍子でなく、こっそり1拍増やされていて、12拍子（4+4+4）になっています。こっそり入った1拍の隠し味の妙味

がわかるでしょうか？

　このように、ちょっとした数の組み合わせの違いが多彩なグルーヴの違いを生み出します。それは、国や地域の文化や生活、言語などとも関連して、独特の音楽の味を醸し出します。

　やっぱり、数は、実は音楽の魔法の粉のようなものなのですね。

いろいろな変拍子：変拍子数列の不思議！

　先に見たように、同じ◇拍子であっても、２と３にどう分けるか、によって違うグルーヴが生まれます。

　では、ここで、数学の問題を考えてみましょう！　ゆっくり考えれば簡単なので、ぜひ、ちょっと立ち止まって、頭と手と心を使って、挑戦してみてください。

問題8　※答えは201〜202ページ

　例えば、７拍子を２拍と３拍に分ける方法は、次のように３通りあります。

$$(7=)2+2+3=2+3+2=3+2+2$$

１．９拍子を２と３に分ける方法は何通りあるでしょうか？

２．10拍子を２と３に分ける方法は何通りあるでしょうか？

３．11拍子を２と３に分ける方法は何通りあるでしょうか？

４．次ページの表の２段目に、１段目の数の拍子を２と３に分ける場合の数を書いてみましょう。

※１拍子は２と３に分けられないので０通りとし、２拍子、３拍子は

各々1通りです。4拍子は（4=）2+2の1通り、5拍子は（5=）3+2=2+3の2通りです。

拍子	1	2	3	4	5	6	7	8	9	10	11	12
場合の数	0	1	1	1	2		3					

変拍子数列（穴あり）

5. 4の表が埋まったら、表の中に何か規則性を発見してみましょう。何か見つかりますか？（答えは無数にあります！）

ヒント：

この表の2段目の数の列を私は「変拍子数列」と呼ぶことにしました！

実は、変拍子数列は次のフィボナッチ数列の従兄弟（いとこ）といえます。

「フィボナッチ数列」の名前を皆さんは聞いたことがあるでしょうか？

次がフィボナッチ数列の12項目までを表にしたものです。

これはどんな性質を持っているかわかるでしょうか？

項	1	2	3	4	5	6	7	8	9	10	11	12
フィボナッチ数列	1	1	2	3	5	8	13	21	34	55	89	144

フィボナッチ数列

6. 4、5の発見ができたら、発見に基づいて、変拍子数列やフィボナッチ数列の13番目の2段目はどんな数になるか、予想してみましょう！（実際に13拍子を2、3に分ける方法が何通りであるかを数え、予想と一致するか確認してみましょう。）

*

さて、変拍子数列の答えは次の通りです。

拍子	1	2	3	4	5	6	7	8	9	10	11	12
場合の数	0	1	1	1	2	2	3	4	5	7	9	12

変拍子数列

例えば、この表の7はどのようにできているでしょうか？　12はどうでしょう？

フィボナッチ数列ももう一度眺めてみましょう。

拍子	1	2	3	4	5	6	7	8	9	10	11	12
フィボナッチ数列	1	1	2	3	5	8	13	21	34	55	89	144

フィボナッチ数列の方が、変拍子数列よりずっと早く大きくなっていきますね！

この55はどのようにできているでしょうか？　144はどうでしょう？
（55の左側の数字たちのいくつかをうまく使って、55が作れないか考えてみましょう。）

*

実は、55の正体は21+34であり、144の正体は55+89。

つまり、フィボナッチ数列の各項は、前の項と2つ前の項を足したものになっているのです。

では、改めて変拍子数列を見てみましょう。何か気づきましたか？？？

拍子	1	2	3	4	5	6	7	8	9	10	11	12
変拍子数列	0	1	1	1	2	2	3	4	5	7	9	12

*

何かに気づいたあなたは凄い！

でも、たとえ間違えてしまっても何も見つけられなくても素晴らしいと思います。

ここに何かが潜んでいるんじゃないかな？？？と思う姿勢そのものが「未来を創る人」の証しですから。

……さて、種明かしです。実は、上の表で「7」の正体は3+4、「12」の正体は5+7です。いったい、どういうことなのでしょうか。

実は、変拍子数列の各項は、2つ前の項と3つ前の項を足したものになっているのです！　いかがでしょう？

本当にそうなっているか、ちゃんと、この目で確かめてみましょう。

拍子	1	2	3	4	5	6	7	8	9	10	11	12
変拍子数列	0	1	1	1	2	2	③	④	5	⑦	9	⑫

7番目の3と8番目の4、
隣り合う数を足すと、
2つ後ろ（10番目）の7だね。

変拍子数列を2つずらしたものには、実は「パドヴァン数列」という名前がついています。

項の番号	1	2	3	4	5	6	7	8	9	10	11	12
パドヴァン数列	1	1	2	2	3	4	5	7	9	12	16	21

パドヴァン数列

パドヴァン数列は、フィボナッチ数列と似た性質をたくさん持っています。

改めてフィボナッチ数列は何者なのか考えてみましょう！

フィボナッチ数列とは、次の規則により決まる数列です。

$$F_1 = F_2 = 1, \qquad F_n = F_{n-1} + F_{n-2}$$

また、フィボナッチ数列の隣り合う項の比 (1/1, 2/1, 3/2, 5/3, 8/5, 13/8, ……) は、徐々に

$$\varphi = \frac{1 + \sqrt{5}}{2} = 1.6180339887 \cdots$$

に近づいていきます。この数は、$x^2 = x + 1$の解であり、**黄金比 (Golden Ratio)** と呼ばれる有名な数です。

フィボナッチ数列は、次のような正方形により作られる螺旋を生み出す数列でもあり、自然界にもよく見られます。

81

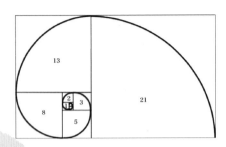

フィボナッチ数列が生みだす螺旋

確かに、3=2+1、5=3+2、8=5+3、……となっていますね。

ひまわりの種などにおいて、左回りや右回りの渦の数などにも、フィボナッチ数列が現れることが知られています！（この背後にも数学的な理由があります。）

一方、パドヴァン数列とは、次の規則により決まる数列です。

$$P_1 = P_2 = 1, \ P_3 = 2, \quad P_n = P_{n-2} + P_{n-3} \ (n \geq 4)$$

パドヴァン数列の隣り合う項の比（1/1, 2/1, 2/2, 3/2, 4/3, 5/4, 7/5, 9/7, 12/9, ……）は徐々に

$$\rho = \frac{\sqrt[3]{108 + 12\sqrt{69}} + \sqrt[3]{108 - 12\sqrt{69}}}{6} = 1.3247179572\cdots$$

に近づいていきます。この数は、$x^3 = x + 1$ の解であり、**プラスチック数**と呼ばれています。名前は明らかに黄金比に比べて輝きを失っていますが（笑）、黄金比に似ていろいろな美しい性質を持ちます。

例えば、パドヴァン数列は、次のような正三角形により作られる螺旋を生み出す数列でもあります。

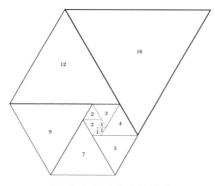

パドヴァン数列が生みだす螺旋

でも、あれ？ この正三角形の長さの作られ方を順に見ていくと、3=2+1、4=3+1、5=4+1、……のように少しパドヴァン数列の作り方とは違うように見えます。でも、できあがっている正三角形の1辺の長さはパドヴァン数列そのものですね。5=4+1 などは、いったいどういうことなのでしょうか？

より細かく見ていくと、例えば 12=9+3 では 12 の1つ前の9と5つ前の3が足されています。5=4+1 では、5の1つ前の4と5つ前の1が足されています。

つまり、パドヴァン数列はなんと $P_n = P_{n-1} + P_{n-5}$ ($n \geq 6$) も満たす、ということでしょうか？

実は、これも、正しい性質なのです。（つまり、さっきの変拍子数列での発見の答えは、決して１つではなかったのですね！）

　少し難しいですが、余談がてら、これを証明してみましょう。

　実際、

$$P_{n-1} + P_{n-5} = (P_{n-3} + P_{n-4}) + P_{n-5} \quad （パドヴァン数列の定義より）$$
$$= P_{n-3} + (P_{n-4} + P_{n-5}) = P_{n-3} + P_{n-2} = P_n \quad （パドヴァン数列の$$
$$定義より）$$

　となっているので、確かにパドヴァン数列の項は、１つ前の項と５つ前の項を足したものでもあるのです！　実際に改めてパドヴァン数列を見て、確認してみましょう。

項の番号	1	2	3	4	5	6	7	8	9	10	11	12
パドヴァン数列	1	1	2	2	③	4	⑤	⑦	⑨	⑫	16	21

> 7項めの5と、隣りの8項めの7を足すと
> 2つ後ろの10項めの12。
> この12は、1つ前の9（9項め）と
> 5つ前の3（5項め）を足したものでもあるね。

　確かに、12＝9+3、21＝16＋5などとなっていますね。

実は、（上級者向けのお話になりますが）この性質の背後には次の因数分解があります。

$$x^5 - x^4 - 1 = (x^3 - x - 1)(x^2 - x + 1)$$

このように実は数列の背後に不思議な式がいたり、その因数分解が数列の性質について知っていたり……と数学はやっぱり摩訶不思議。

*

さて、ここまで変拍子数列の不思議（フィボナッチ数列との意外な関係）について見てきました。だからどうした!?というツッコミも聞こえてきそうですが、変拍子の種類を考えていると、その背後にフィボナッチ数列にとてもよく似た「パドヴァン数列」や「プラスチック数」が隠れていた、というのはなんだか不思議な気がします。変拍子の種類は拍子が増えるにつれ、約プラスチック数倍ずつ増えていくのですから！

世界のさまざまな変拍子が生み出す不思議なグルーヴを感じながら、時にさまざまな数列に心を馳せてみていただければと思います。

🎼 column 5
フィボナッチさんとパドヴァンさんについて

　レオナルド・フィボナッチは、12－13世紀頃活躍したイタリアの数学者です。エジプトやギリシャを旅してアラビア数字がいかに効率的かに気づき、1202年に『算盤の書』を出版し、インドの方法としてヨーロッパへアラビア数字を紹介しました。

レオナルド・フィボナッチ（イタリアの数学者）

　それまではヨーロッパでは主に、ローマ数字（Ⅰ、Ⅱ、Ⅲ、Ⅳ、Ⅴ、Ⅵ、Ⅶ、Ⅷ、Ⅸ、Ⅹ、Ⅺ、Ⅻ、……、ⅩⅩ、ⅩⅩⅠ、……）を用いていました。すると、大きな数を扱うときは、いろいろな新しい文字をあてなくてはならず、なかなか面倒です。それに比べて、"0"により位をあげていく方法は便利で単純で、非常に効率がよく、見やすいものでした。こうして今私たちが使っている0、1、2、3、4、5、6、7、8、9により10進法ですべての自然数を表す、という習慣が生まれたのです。

　よく「0」を発見したのはインド人といわれますが、その「0」の良さをヨーロッパに紹介したのがフィボナッチさんなのですね！（実際は、アラビア人を通して0を用いたアラビア数字の位取り法は何度かヨーロッパにも伝わっていましたが、その使い方や効率の良さを丁寧にフィボナッチが紹介したことで、ヨーロッパにアラビア数字が一挙に広まります。そういう意味では、フィボナッチはヨーロッパの「0」の普及に貢献した立役者なのです。）

なお、「何もない」ということに「0」という名前をあてる、ということはある意味で大きな視点の変革でした。日本語でも、「一、十、百、千、万、億……」と名前をつけていくと、無限の数を扱いたいときは、無限に名前を生み出さなくてはいけません。ローマ数字も基本的には同じ発想です。

　でも、何もないことを表す「0」の発明によって、たった10個の数（場合によっては2進法ならばたった2個の数）を用いて無限に広がる自然数すべてを表せるようになったわけです。また、何もないことを表す〝0〟により、今でいう方程式のようなものもシンプルに解けるようになりました。〝0〟は、人類史上本当に画期的な大発明なのです！

　インド人は思想的に、虚無や空虚を自然に考察します。その精神性により、自然と、「何もないことに対しても名前を与える」という発想につながったのかもしれませんね。

　また、フィボナッチさんは、『算盤の書』で、インドで学んだ「ウサギの出生についての問題と解法」も紹介しました。これは、次のような問題です。

ウサギの出生についての問題

●1カップルのウサギは、産まれて2ヵ月後から毎月1カップルずつのウサギを産みます。
●ウサギが死ぬことはないものとします。

　このとき、産まれたばかりの1カップルのウサギは、1年の間に何カップルのウサギになるでしょうか？

　ゆっくり考えてみましょう（3分ほど手を動かしながら考えてみてください）。

解法

　まず1ヵ月目は最初のウサギの1カップルのみがいますよね。このカップル
は産まれたばかりなので、2ヵ月目はまだ子どもを産まず、やはり最初の1カ
ップルのみがいます。

　3ヵ月目には、このウサギが1カップルのウサギを産み、全部で2カップルに
なります。

　4ヵ月目には最初の1カップルのみが出産をするので、全部で3カップルにな
ります。

　5ヵ月目には3カップルに加え、2ヵ月前からいる2カップルが出産をするの
で、5カップルになります。

　6ヵ月目には5カップルに加え、2ヵ月前からいる3カップルが出産をするの
で、8カップルになります。

　だんだん見えてきました！

　つまり、nヵ月目にいるウサギのカップル数をF_nとすると、nヵ月目には
$n-1$ヵ月目にいたカップルに加え、$n-2$ヵ月目にいたカップルが出産をする
ので、$F_n = F_{n-1} + F_{n-2}$となるのです。どこかで見たことがある式ですね！

　そうです。これと、$F_1 = F_2 = 1$と合わせると、F_nはまさにフィボナッチ数
だということがわかります。この数列はインドでは既によく知られたものでし
たが、フィボナッチさんがヨーロッパに紹介したということから、フィボナッ
チ数列と呼ばれるようになったのです。

　では、パドヴァンさんはどんな方なのでしょうか？

　リチャード・パドヴァンは、1935年に生まれた建築家であり、同時に建築
についてさまざまな角度から学び、伝え、教えた、作家・翻訳者・教育者でも
あります。実は、パドヴァン数列も、パドヴァンさんが発見したものではあり

ません。

　パドヴァンさんは、ドム・ハンス・ファン・デル・ラーンというオランダの
建築家に魅了され、ラーンさんのデザインや建築における数比的な理論を紹介
した本『Dom Hans van der Laan, Modern Primitive』を出版します。こ
の中に、ラーンさんが研究してきた内容として、後にパドヴァン数列と呼ばれ
る数列やプラスチック数が紹介されていたのです。

　実際に、あの数列を「パドヴァン数列」という名前で最初に呼んだのは、優
れたサイエンスライターであるイギリスの数学者イアン・スチュアート。

　ということで、パドヴァン数列やプラスチック数の生みの親は、本当はラー
ンさんなのですね。いずれにせよ、ラーンさんもパドヴァンさんも、建築の美
しさと数比（黄金比やプラスチック比）との関連を研究した、とても面白い建
築家です。パドヴァン数列も、フィボナッチ数列のように、30世紀頃には人々
を魅惑しているかもしれませんね。

| 寄り道ラボ | パドヴァン数列の他の顔 | Page_01 |

ここでは、ちょっとした数学遊びをしてみましょう！
今から、次のルールで文字の列を長く長く成長させていきます。

★ルール：t を時間とし、1秒ごとに、A→B、B→C、C→AB と変化する
※例：t=7 秒後にBCCABだとすると、BがC、CはAB、CはAB、AはB、BはCに変わるので、t=8 秒後にはCABABBCとなります。

t=0 秒のときに文字列が"A"であったとき、文字列が成長する様子を書き出してみましょう。

問題9　※答えは202ページ

ぜひ、次の続き：t=12,13,14,15 についてもトライしてみましょう。

t = 0; A　　　　　　　　　　（文字列の長さ：1）
t = 1; B　　　　　　　　　　（文字列の長さ：1）
t = 2; C　　　　　　　　　　（文字列の長さ：1）
t = 3; AB　　　　　　　　　 （文字列の長さ：2）
t = 4; BC　　　　　　　　　 （文字列の長さ：2）
t = 5; CAB　　　　　　　　　（文字列の長さ：3）
t = 6; ABBC　　　　　　　　 （文字列の長さ：4）
t = 7; BCCAB　　　　　　　　（文字列の長さ：5）
t = 8; CABABBC　　　　　　　（文字列の長さ：7）
t = 9; ABBCBCCAB　　　　　　（文字列の長さ：9）
t = 10; BCCABCABABBC　　　　（文字列の長さ：12）
t = 11; CABABBCABBCBCCAB　　（文字列の長さ：16）

……文字列の長さがちょうどパドヴァン数列になっています！
なぜでしょうか？

Page_02

　また、自然数☆を回文構造の自然数の足し算で表す（ただし2を使わない）場合の数を考えると、例えば、☆=6 の場合は、

$\boxed{6} = \boxed{3+3} = \boxed{1+4+1} = \boxed{1+1+1+1+1+1}$ の4通りです。

※最初の6も1通りとして数えます。

　また、☆=9 の場合は

$\boxed{9} = \boxed{4+1+4} = \boxed{3+3+3} = \boxed{1+7+1} = \boxed{3+1+1+1+3}$
$= \boxed{1+3+1+3+1} = \boxed{1+1+5+1+1}$
$= \boxed{1+1+1+3+1+1+1} = \boxed{1+1+1+1+1+1+1+1+1}$

の9通り。再びパドヴァン数列の気配がします……。

　自然数 ☆ を回文構造の自然数の足し算で表す場合の数は、パドヴァン数列と同じになっているようです！

　いったいなぜ回文構造の足し算とパドヴァン数列が関係するのでしょう？……不思議ですね！
　このように、数学では、相手の正体見たり！と思っても、世界には無数のものの見方があるので、自由に視点を変えていくことで、まだ見えていなかった相手の正体や思いもよらない関係などが見えてくることがあります。人間と同じですね。
　だからこそ、アート同様、「自分なりの視点」が大切にもなります。
皆さんも、五感を使って、皆さんなりの変拍子、フィボナッチ数列、パドヴァン数列のとらえ方をしていただければ、と思います。

1小節・1拍は円である！

　私は、普段演奏や作曲をしているときには、1小節や1拍は円のようなものであり、時間に沿って螺旋上に動的に動いていくことで音楽はグルーヴを生み出すのだ、と感じています。つまり、3拍子は円を3等分に分けたものであり正三角形が見えてきますが、4拍子は円を4等分に分けた正方形になります。

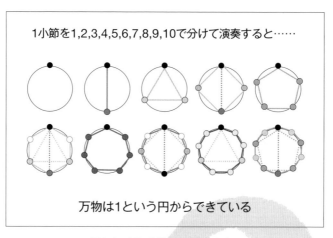

円を1～10に分割したものとリズム

　ここで、CDのトラック20を聴いてみましょう。これは、1小節を1～10までの拍で分けたときの様子です。
・1小節を1に分けた（＝小節の頭のみを叩いた）ものが4回
・1小節を2に分けた（＝小節の頭と真ん中のみを叩いた）ものが4回
・1小節を3に分けた（＝小節の頭と1/3と2/3を叩いた）ものが4回
・1小節を4に分けた（＝小節の頭と1/4と1/2と3/4を叩いた）ものが4回
　……というように、全部で40小節を演奏しています。

アクティビティ 歌って踊って、グルーヴの違いを感じる

　CDのトラック20に合わせて手を叩いてみましょう。また、数によるグルーヴの違いを感じてみましょう。

　また、CDのトラック12には、『Math x Music（マス ミュージック）』という曲が収録されています。途中部分の譜面は次のようになっており、まさに1小節を1～8までに分けたものが歌詞に合わせて現れます。ぜひ、目や耳を指さしながら、踊りを自由につけて、一緒に歌ってみましょう。

※最後の「音が〜♪」は、両手をキラキラと振ってみると、溢れ出る感じが表現できます！

※『Math×Music』の中には回文構造になっている16小節も隠れています。聴いて、探してみましょう。

『Math x Music』（作曲：中島さち子）より一部抜粋

小節ごとの振りつけイメージ

「ひざこぞう」から先の2段目が忙しいですね！　特に5個、7個は難しいかと思いますが、聴いているうちに1/5、1/7のグルーヴが身体に染み込んでくると、簡単に踊ったり歌ったりすることができるようになります。ぜひ、身体や心をフルで使いながら、楽しく「数」たちのグルーヴを楽しんでみてください！

次に、
・もし1小節を2個に分けたものと1小節を3個に分けたものを同時に演奏するとどうなるでしょうか？
・もし1小節を3個に分けたものと1小節を4個に分けたものを同時に演奏するとどうなるでしょうか？
・もし1小節を4個に分けたものと1小節を5個に分けたものを同時に演奏するとどうなるでしょうか？

各々4小節ずつ収録したものがCDのトラック21にありますので、ぜひ聴いてみましょう。

このように複数のリズム（グルーヴ）が同時に流れているとき、そのリズムはポリリズムと呼ばれます。例えば、アフリカやアラブの音楽では2と3が混ざった音楽がたくさんあります。

ジャズも、もともと2と3が混じったアフリカのリズムに影響され、1拍が2つに分かれたり（イーブンといいます）、3つに分かれたり（ハネルといいます）します。イーブンな取り方とハネル取り方を同時に感じているような状態が「スウィング」です。つまり、ジャズのスウィング感とは、2と3の共存の緊張感により生まれているともいえます。より正確にいえば、1/2と1/3の共存の緊張感ですね！

さて、次は、1/3 と 1/4 の共存の様子を絵で表したものです。

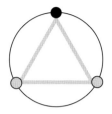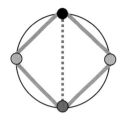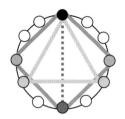

1/3と1/4の共存イメージ

　この共存は、より細かな視点で見れば、（3と4の最小公倍数は12なので）「1小節を1/12で細かく分けたものを4つずつ取ると正三角形になり、3つずつ取ると正方形になる」というようにミクロ的にとらえることもできます。

　つまり、右上の図や下図において、正三角形と正方形の所しか聞こえていないにも関わらず、正12角形（円を12等分した点）の部分も聞こえてくる気がする……そんなイメージです。

ミクロで12個に分かれたリズムを意識し、4個ずつ、3個ずつで感じた場合

ざっくり全体を3つ、4つに分けたもの（黒と灰色のマス）のみを意識した場合

ただ、持論ですが、ミクロで12個に分かれたリズムをとらえて4個ずつと3個ずつと感じるときと、ざっくりマクロで1小節をとらえて1/3と1/4を混ぜるとき（12個に分かれたリズムを意識しない）は、数学的には同じもののはずなのですが、若干グルーヴに違いが出ます。どちらも気持ちが良いのですが、まるで身体が痙攣（けいれん）するような細かなリズムがずっと流れているのが前者、ざっくりした訛（なま）りのようなものが感じられるのが後者でしょうか。現在の数学ではまだまだ計り知れないような、複雑な揺らぎやランダム性が音楽や人間にはあり、そこがまた面白いところですね。

CDのトラック4には、『Nadia（ナディア）』（作曲：鈴木広志）が収録されています。この曲は、このCDでサックスを吹いている鈴木さんがアラブ地域を訪れたときに、ある不思議なリズムを聴いて触発されて作った曲だそうです。『Nadia』は基本的に3連の4拍子（3+3+3+3）なのですが、下図の部分は、ちょうど 4+4+4 と1小節を3等分するような形になっています。音楽のどの箇所にそのようなリズム（グルーヴの変化）が現れるかな？と思いながら、ぜひ曲を楽しんでください。

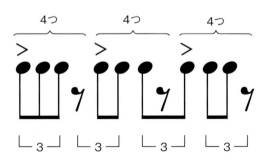

1小節を12個に分け、4つずつひとまとまりにしたリズム

さらにもう1曲！　ちょっと不思議な曲です。トラック30は、同じくサックスの鈴木広志さんが京都の妙心寺退蔵院に触発されて作った『Polytemple』。こちらは、なんと周期3拍で進む音と周期4拍で進む音と周期5拍で進む音と周期6拍で進む音が同時に流れており（ポリリズム）、うまく全体では調和がとれています。この曲は実際に演奏すると相手にひきずられそうになってしまうのでとても難しい！のですが、ほとんどがエッシャーの絵のように繰り返しで構成されています。少しトランス状態になれるような素敵な曲です。ぜひ（時に数を数えながら）お楽しみください。

問題10　※答えは202ページ

　周期3拍で進む音と周期4拍で進む音と周期5拍で進む音と周期6拍で進む音がもし同時にスタートしたならば、何拍後に再び4つの音が同時に周期の頭に戻るでしょうか？

ユークリッドリズムと世界の民族音楽!?

　2005年、ちょっと不思議な、数学と音楽の間を橋渡しするような論文「ユークリッドアルゴリズムが生み出す伝統音楽リズム」が発表されました。

　数学では、ユークリッドの互除法という「2つの自然数の最大公約数を求める」ための有名なアルゴリズムがあります。これに似た方法で、世界中の伝統音楽のリズムパターンのほとんどを実は生み出すことができるのだ！という画期的な発見（？）でした。
　数学は本当に世界の民族音楽のグルーヴを生み出す泉となるのでしょ

うか？

　リズムに対する新たな視点が得られるかもしれないので、ここでぜひご紹介してみましょう。

　この論文は、もともと次のような問いの研究から始まっていました。

『「例えば○秒の中で △回光る（ただし光るタイミングは整数秒のときに限る）」という操作を繰り返すとき、どのように光らせれば一番平均的に光るのでしょうか』
※これは、原子物理、コンピューターサイエンス等とも関連する問いです。

　この問いは、「秒」を「拍」に、「光る」を「手を叩く」に置き換えることで、次のように手拍子のお話だと考えることもできますね。

『例えば「○拍の中で△回拍にあわせて手を叩く」ということを繰り返すとき、どのように手を叩けば一番平均的に聞こえるでしょうか』

　例えば、○＝16拍子の曲で、1小節の中で △=4 回手を叩く方法を考えてみましょう。
　この場合は、簡単です。単純に16分音符の中で4分音符の頭に手を叩くようなイメージで手を叩けば、一番平均的にコンスタントなリズムを生み出すことができますよね。

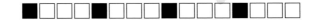

図A「平均的」に聞こえる手拍子の例（■で手を叩き、□ではお休みをする）

図B 「平均的」でないように聞こえる手拍子の例（■で手を叩き、□ではお休みをする）
＜最初に手拍子が集中していて、後半にお休みが多すぎる！＞

　図Aのような叩き方を [1000100010001000] と表すことにします。
※1が手を叩いているとき（■）、0が手を叩いていないとき（□）を表す。

　では、○=13拍、△=5回のときは、13拍の中で5回手を叩くとすると、1001110000001 や 0010101010100（1の箇所で手を叩き、0の箇所はお休み）など、いろんな方法が考えられますが、この中で「平均的」に聞こえる手拍子は、どのように作れるのでしょうか？

　実は、この場合は次のような「アルゴリズム」に従っていけば、求める答えの1つが得られることがわかっています。

＜○=13、△=5：13拍のなかで5回手を叩くときの、平均的な手拍子の作り方＞

最初に1を △ 個、0を ○−△ 個並べます。
[1,1,1,1,1,0,0,0,0,0,0,0,0]　※次に後半の0を前半の1に1つずつつける
⇒ [10,10,10,10,10,0,0,0]　※同様に、後半の0を前半の10に1つずつつける
⇒ [100,100,100,10,10]　※同様に後半の10を前半の100に1つずつつける
⇒ [10010,10010,100]　※2種類目の単語が1つになったのですべてをつなげる
⇒ [1001010010100]　※1単語になったので、終了

最後の［1001010010100］を、E［5,13］と表すことにします。

※［10010,10010,100］の後、［10010100,10010］→［1001010010010］としてもかまいませんが、ここでは上記のように「2種類目の単語が1個か0個になったとき」にはすべてをつなげてできたものを E［△,○］で表すこととします（この方がリズムとしては自然なものになることが多いためです）。

これは、〝1〟のときに大きな音で叩き、〝0〟のときには叩かない（あるいは小さな音で叩く）と、素敵なリズムに変身します。

問題11 ※答えは202〜203ページ

E［3,8］は、［1,1,1,0,0,0,0,0］→［10,10,10,0,0］→［100,100,10］→［10010010］となります。

では、

1）E［5,8］はどうなるでしょうか？　リズムも叩いてみましょう。

2）E［7,12］はどうなるでしょうか？　リズムも叩いてみましょう。

3）E［3,9］はどうなるでしょうか？　リズムも叩いてみましょう。

　※答えのリズムは、CDのトラック22にあります（順にE［3,8］、E［5,8］、E［7,12］、E［3,9］が録音されています）。

　さて、この作業は「**ユークリッドアルゴリズム**」と呼ばれるのですが、なぜでしょう？

数学ではかなり有名な「ユークリッドの互除法」と呼ばれるアルゴリズムを、まずご紹介しましょう。これは、２つの自然数の最大公約数（２つの自然数の約数で共通なもののうち、最大の数）を求めるためのアルゴリズムで、例えば次のように求めます。

13と５の最大公約数を求める方法

$13 = 5 \times 2 + 3$ （13と５）　→　13を５に、５を余り３に置き換える

$5 = 3 \times 1 + 2$ （５と３）　→　５を３に、３を余り２に置き換える

$3 = 2 \times 1 + 1$ （３と２）　→　３を２に、２を余り１に置き換える

$2 = 1 \times 2 + 0$ （２と１）

　　　　　　⇒　余りが０になったら終了！

終了する直前の２数のペアのうち、小さい方が、最初の２つの数の最大公約数です。今の場合は、(2,1) のうち小さい数は１なので、最大公約数は１であるとわかります。

ほかにももっとゆっくり求める、次のような方法もあります（割り算をせずに、「大きい数から小さい数を引けるだけ引いていく」方法）。

$13 - 5 = 8$ （13と５）

$8 - 5 = 3$ （８と５）

$5 - 3 = 2$ （５と３）

$3 - 2 = 1$ （３と２）

$2 - 1 = 1$ （２と１）

$1 - 1 = 0$ （１と１）

　　　　　　⇒　答えが０になったら終了！

終了する直前の引き算に使われている数が、最大公約数です。つまり、この場合は1ですね。

では、改めてE［5,13］の求め方をおさらいしてみましょう！　途中の［　］の中には2種類の単語があります。各々の単語の個数を書き出していきましょう。

n=13、k=5

［1,1,1,1,1,0,0,0,0,0,0,0,0］　　※5個と8個

→［10,10,10,10,10,0,0,0］　　※5個と3個

→［100,100,100,10,10］　　※3個と2個

→［10010,10010,100］　　※2個と1個

→［1001010010100］　　※単語が1種類となり無事完成！

最後だけ少しずれていますが、そこは少し緩やかに見たとすると、本質的にユークリッドの互除法のアルゴリズムと同じ発想で進めていることがわかるでしょうか？

少し数学的に難しく言えば、この道中では、ユークリッドの互除法のときに利用した性質、

$$\text{G.C.D}（★, ☆）= \text{G.C.D}（☆, ★-☆）（★>☆ \text{ のとき}）$$

を、何度も用いているのです。

※G.C.D.（★,☆）とは★と☆の最大公約数（Greatest Common Divisor）を表します。

大切なことですから、再度、言いましょう。先のアルゴリズムはユークリッドの互除法におけるアルゴリズムと本質的に同じものなのです！

だから、この作業は、★と☆が1以外の共通の約数を持たない（最大公約数が1である）限り、2種類目の単語が1個だけになるまで続きます。

こうして得られたリズムを、**ユークリッドリズム**と呼びましょう。

ユークリッドリズムは、図のように絵で表すこともできます。そのときのそれぞれの弧の長さを表したもの（次の (3,3,2) や (2,1,2,1,2) など）を**ストリング表示**と呼びます。

E [3,8] = [10010010] = (3,3,2)
8 = 3+3+2

E [5,8] = [10110110] = (2,1,2,1,2)
8 = 2+1+2+1+2

E [3,8] と E [5,8] を表す絵

実は、このE [3,8] のリズムは、キューバのトレシヨ（tresillo）と呼ばれるリズムです。ハバネラやロカビリー、エルヴィス・プレスリーの『ハウンド・ドッグ』という曲のベースライン、ガーナのエウェ族の踊りなど西アフリカ伝統音楽などにも現れます。

一方、このE[5,8]のリズムは、キューバのシンキーロ（cinquillo）と呼ばれるリズムです。ジャズ、ロカビリー、先のプレスリーの『ハウンド・ドッグ』の手拍子、西アフリカ伝統音楽などにも現れます。

また、先のような図をくるっと（別の黒点が一番上に来るように）回転させて得られるリズムを、元のリズムの「**ネックレス**」と呼びます。

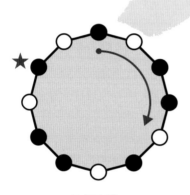 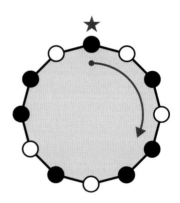

E[7,12]

[1,1,1,1,1,1,1,0,0,0,0,0]
→ [10,10,10,10,10,1,1]
→ [101,101,10,10,10]
→ [10110,10110,10]
→ [101101011010]
= (2,1,2,2,1,2,2)

E[7,12]のネックレスの一例

[101011010110]
= (2,2,1,2,2,1,2)

例：E[7,12]とそのネックレスの一例

そして、このユークリッドリズムやそのネックレスが面白いのは、これらが、世界のさまざまな民族音楽のリズムにつながっていることなのです！

ユークリッドというギリシャ時代の数学者のアイディアが、実は、数学とは縁もゆかりもなさそうな世界中の伝統音楽のリズムの源泉になっている、なんて、なんだか不思議ですよね。もちろん、誰も、こんなアルゴリズムを密かに考えてリズムを作ったわけでは絶対ないでしょう。でも、自然と、「なるべく平均的に手を叩き、でも独創的に民族ならではの雰囲気を出したい」という衝動がどこか人間の内部で働いていて、そんな「実に人間的な」衝動の結果は数学で説明できたりする、というのは、不思議ですね。

逆にいえば、数学も、結局は極めて人間的な世界なのだ！ということでしょうか。

参考までに、実際のユークリッドリズムやそのネックレスと、世界の音楽リズムとの対応例を、次のページのコラムでご紹介します！

問題12 ※答えは203ページ
CDのトラック23には、この中から抜粋した４種類のユークリッドリズム、またはそのネックレスが収録されています。さて、いったいどれでしょうか？

以上、第２章はリズムについてさまざまな角度から考察してきました。数学というよりは数の遊びですが、リズムの数学構造は第３章のハーモニーに比べて、実は研究がまだまだ少ないところです。ぜひ、これらの考察を発展させ、21世紀らしい新しいオリジナルリズム・グルーヴを創ってみてください！

105

column 6
ユークリッドリズムやそのネックレスと世界の音楽

※E'［△,○］と書かれているものは、E［△,○］のネックレスの一例です。

・E［4,12］=［100100100100］=（3,3,3,3）（フラメンコの（12/8）-ファンダンゴ手拍子）
・E［2,3］=［101］=（2,1）（アフロキューバンドラム、トゥンバオのコンガ）
・E［2,5］=［10100］=（2,3）（チャイコフスキーシンフォニーNo.6）
・E'［2,5］=［10010］=（3,2）（デイブ・ブルーベック "テイク・ファイヴ"）
・E［3,4］=［1011］=（2,1,1）（コロンビア、13世紀ペルシャ、古代ギリシャ）
・E'［3,5］=［10110］=（2,1,2）（13世紀ペルシャ、ルーマニアのフォークダンス）
・E［3,7］=［1010100］=（2,2,3）（ブルガリアのラチェニッツァ、ピンク・フロイド "マニー"）
・E［4,11］=［10010010010］=（3,3,3,2）（フランク・ザッパ "アウトサイド・ナウ"）
・E［7,12］=［101101011010］=（2,1,2,2,1,2,2）（ガーナのアシャンティ地域の音楽）
・E'［7,16］=［1010010101001010］=（2,3,2,2,3,2,2）（ブラジルのサンバ）
・E［9,16］=［1011010101101010］=（2,1,2,2,2,1,2,2,2）（中央アフリカ共和国の音楽）
・E'［9,16］=［1010110101010110］=（2,2,1,2,2,2,2,1,2）（ブラジルサンバのカウベル）
・E'［11,24］=［101010101010010101010100］=（2,2,2,2,2,3,2,2,2,2,3）

（中央アフリカのアカ・ピグミー）

🎼 column 7
ユークリッドについて

　ユークリッドは、紀元前3世紀頃、アレクサンドリアで活躍した古代ギリシャの数学者・天文学者といわれていますが、実際にそのような人が存在したかどうかは定かではありません。複数の人の団体をユークリッドと呼んだ、という説もあります。

ユークリッド
（古代ギリシャの数学者・天文学者）

　ユークリッドは、数学史の中でも最重要著作の1つといわれる『原論』を書いたことで有名であり、「幾何学の父」とも呼ばれます。**公理**といういくつかの約束事の上に数学理論を展開し、証明という概念を定着させました。この考え方は、現在でも数学の考え方の基本となっています。（ただし、ユークリッドの公理から得られるユークリッド幾何学とは異なる非ユークリッド幾何学は、19世紀に発見され、世界に衝撃を与えました。でも、公理系から理論体系を生み出す、という発想そのものは、今も数学の全分野に用いられています。）

　『原論』には、数論についても書かれており、素数が無限に存在することの証明やユークリッドの互除法などが記されています。

　その頃ギリシャを統治していたプトレマイオス1世がユークリッドに「幾何学を学ぶのに『原論』よりも近道はないのか？」と聞いたところ、ユークリッドは「幾何学に王道なし」と答えた、というのは有名なエピソードです。

column 8
ピグミーの音楽について

　ピグミーとは、赤道近くのアフリカ森林地帯に住む、身長が低め（1.5m以下）の原住民です。
　ピグミーの音楽は即興的なポリフォニー（複数の旋律が折り重なり合うイメージ、バッハの音楽が少し似ています）になっていて、本当に美しい！　1人が歌い出すと、それに重なるようにどんどん、ほかの人の声が重なりあっていき、最終的に珠玉のハーモニーとリズムが立ち上がります。そのリズムは複雑で、自然に同化したような、まるで鳥や風の歌のような森の声になります。ピグミー民族は、リーダーを持つピラミッド型の社会を持たず、音楽においても、誰かが引っ張るわけでもなく各々が相互に反応しあうことによって自然に即興的に音楽が浮かび上がってくるのですが、これが本当に魔法みたいなのです。

　基本はピグミーの音楽は歌によって作られるのですが、時に川の水をまるでドラムのように叩いて音を出すウォータードラム等を用いることもあります。動画サイトでも、さまざまなピグミーの音楽の様子が見られますので、ぜひご覧ください。本当にこの世のものと思えないような、美しい魔法の音楽は、神聖で、音楽というものはいったい何なのか、という問いを突きつけられます。
　身体と五感と生活と音楽と社会と自然がすべて一体になり、ただただ即興的に溢れ出て自然と始まり自然と終わる音楽。そこではいろんな境界が溶け、人間の、地球上の一生命体としてのさりげないあり方が浮かび上がります。
　著名なジャズピアニストであるキース・ジャレットは、ピグミーの音楽から本当に多くのこと（精神的なもの）を学んでいると語っています。

　私自身も大好きで、よくピグミーの音楽を聴いて癒やされると同時に、心が清められる気がしています。音楽とは何か、生きるとは何か、社会とは何か。21世紀の今、彼らから改めて学ぶものが多いのではないかと思っています。

第3章

素数の絡み合う響き

〜時代ごとの曲風の背後にひそむ「素数」〜

音は空気の波!

　古代ギリシャ時代、ピタゴラス（B.C.580頃-B.C.500頃）はある日、鍛冶屋がカーン、カーンと鍛冶を打ち鳴らす様子を見ていて、ふとその響きが溶け合う美しさと、鍛冶の長さの比の美しさには関係があるのではないか!?と気づき、家に駆け戻ってそれを確認し、狂喜乱舞した……。

　このエピソードは、イタリアの哲学者ボエティウスが5、6世紀頃著した『音楽教程』に描いています（実際の描かれ方は長さが重さになっていて、少し異なるのですが……）。

　ここにあるように、確かに音と音がうまく溶け合う美しさと、音を鳴らす金属の長さの比の美しさには、実は深〜い関係があります。ピタゴラスは、その絶妙な関係の秘密に、ふと気づいてしまったのですね！

　第3章では、このように音と音がハモリあう関係の中に潜む数学について、考察をしてみたいと思います。なお、このピタゴラスの大発見こそが、西洋で「音楽と数学」が具体的に出会った最初の衝撃であり、その後の西洋で＜数学と音楽を同じような枠組みで扱い続ける＞リベラルアーツ教育のルーツとなる出来事といえるかもしれません。

　まず、音とは何か、考えてみましょう。

　音とは、空気を振動させて生まれる波です。目には見えませんが、私

たちの周りの空気は実に複雑に揺らめいており、密度が高い場所・低い場所が瞬間的にどんどん動いています。そんな空気の振動が鼓膜に届き、音となって私たちに届くのです。

　例えば、ピアノの調律では「中央のラ（鍵盤に７つあるラの４つ目）」の音は現在の国際標準では440Hz（ヘルツ）にしようと決められていますが、これはこの音（ラ）を、１秒間に空気を440回振動させる波として定義しよう、ということです。

（なお、日本ではラを442Hzに調律することも多く、ウィーン・フィルでは443Hz、カラヤン時代のベルリン・フィルでは446Hzというように、国や地域、時代によってもラの定義は異なります。邦楽では、もっと低めに設定することが多いですね。モーツァルトのピアノは、421.6Hzであったとか……。）

　一般的に、振動数が多くなる（１秒間に作られる波の数が多くなる）と音は高くなり、振動数が少なくなると音は低くなります。
　また、音の波の幅（振幅）が大きくなれば音は大きくなり、音の波の幅が小さくなれば音は小さくなります。
　でも、同じ440Hzのラであっても、ピアノのラとバイオリンのラ、人の声のラの音色は（同じ位の大きさで演奏しても）まったく違いますよね。この違いは、どこからくるのでしょうか？……実は、これは波の「形」の違いに由来します。
　では、音の波の形の違いは、どこからくるのでしょうか？

　実は、音程を持つ「楽音」は、周期的な音の波であり、その音高とされる基本振動数のサイン波、ほかに、その２倍、３倍、４倍……の振動

111

数のサイン波（倍音）を無数に含みます。（サイン波とはなんぞや？と思うかもしれませんが、ここでは「音の原子」のような音だと思っておいてください。）

つまり、図のように、ある振動数の音の波があると、その中には、同じ振動数のサイン波と、2倍の振動数のサイン波と、3倍の振動数のサイン波と、4倍の振動数のサイン波と……が無数に含まれる、ということです。そして、実はその含まれ方の違いが音の波の形を変え、音色の違いを生み出しているのです。調味料のバランスを変えれば、料理の味が変わるのと同じですね。

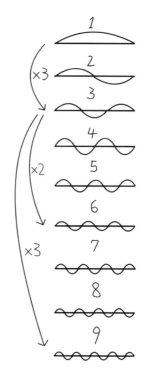

倍音の振動の様子

なお、あまりにも倍音が多くてごちゃごちゃしていると、音程（基本振動数）がよくわからなくなります。そのような音を噪音といいます。これは、非周期的な音の波ともいえます。例えば、太鼓の音や掃除機の音、何かが割れる音などがそうですね。笙の音などは、敢えてノイズ（噪音）のような音をたくさん含むことにより、日本独特の美を表そうとしているともいえそうです。

さて、あなたはどんな音が好きですか？

倍音を探る

　古来、合唱でとても綺麗にハモると、突然空から、誰も出していない
はずの高い美しい音が聴こえてくる、という不思議な現象が知られてい
ました。これは「天使の声」と呼ばれています。天使の声の正体は、実
は、皆が出している声の倍音が重なったものです。

　また、モンゴルのホーミーという歌唱法、あるいはオーストラリア先
住民の楽器ディジュリドゥなどは、倍音をうまく利用しながら、不思議
な多重音を出しています。

　では、「ド」の倍音とは、具体的にどんな音名の音になるのでしょう
か？

　まずは「ド」の（基本）振動数を2倍にした音は、どのような音にな
るかというと……？

　実は、「1オクターブ上のド」が正解です。一般的に、ある音に対し
て、その振動数を2倍にすると、1オクターブ上の音（12半音上）にな
るのです。

　では、4倍にすると、どのような音になるでしょうか。

　4 = 2 × 2より、「ドの1オクターブ上の、さらに1オクターブ上」、
つまり「2オクターブ上のド」が正解ですね。同様に、8倍にした場合
は、8 = 2 × 2 × 2より「3オクターブ上のド」となります。

113

問題13 ※答えは203ページ

ポピュラーな88鍵のピアノにある一番高い「ド」の振動数は、同じピアノの一番低い「ド」の振動数の何倍でしょうか？（7オクターブの差があります。）

次に、基準とした「ド」の振動数を3倍にすると、どのような音になるでしょう。

……実は、これはだいたい「1オクターブ上のソ」となるのです。これを1オクターブ下げる（つまり、振動数を1/2倍にする）と、ドの少し上のソになりますので、

$$ド：ソ ≒ 1：3/2 = 2：3$$

が、わかります。（楽器を習っている人は、五度の関係は、ほぼ振動数2：3の関係だといったほうが、わかりやすいかもしれませんね！）

同様に、ソの3倍音はソのだいたい1オクターブ上のレですから、ドの9＝3×3倍音は、ほぼドの3オクターブ上のレになります。3オクターブ下げると、

$$ド：レ ≒ 8：9$$

がわかります。

鍵盤の様子

次に、基準とした「ド」の振動数を5倍にすると、どのような音になるでしょう。

……実はこれはだいたい「2オクターブ上のミ」となるのです。これ

を2オクターブ下げる（つまり、振動数を1/4倍にする）と、ドの少し上のミになりますので、

$$ド：ミ ≒ 1：5/4 = 4：5$$

が、わかります。（楽器を習っている人は、長三度の関係はほぼ振動数4：5の関係と考えてください。）

さらに、基準とした「ド」の振動数を7倍にすると、実はだいたい「2オクターブ上のシ♭」となるのです。これを2オクターブ下げる（つまり、振動数を1/4倍にする）と、ドの少し上のシ♭になりますので、

$$ド：シ♭ ≒ 1：7/4 = 4：7$$

が、わかります。（楽器を習っている人は、減七度の関係はほぼ振動数4：7の関係と考えてください。）

では、次の問題を考えてみましょう！

問題14 ※答えは203ページ

1．基準となる「ド」の振動数を6倍にすると、だいたいどんな音になるでしょう。下の鍵盤に書き込んでみましょう。（ヒント：5倍と7倍の間、6＝3×2）

2．基準となる「ド」の振動数を10倍にすると、だいたいどんな音になるでしょう。下の鍵盤に書き込んでみましょう。（ヒント：9倍の上、10＝5×2）

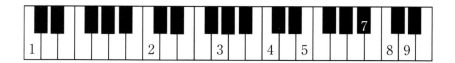

CDのトラック24に、サイン波にて、ドの1倍〜10倍までの音をいれてあります。聞いてみましょう！　なお、サイン波とは、実は高校生等で勉強する、サイン関数（sin x）のグラフの形をした音波なのですが、自然界には存在しない非常に人工的な音です。

　でも、サイン波こそがすべての音の原子であり、世界中のどんな音もサイン波が複雑に無数に組み合わさって生まれてきているのです……不思議ですね！　私たちの声も、実は、サイン関数の波からできているのですから……。

　なお、サイン波を演奏する、神秘的なサイン波プレイヤーもいます！　聴いてみたいと思いませんか!?

column 9
聞こえる音・聞こえない音

　88鍵のピアノの最低音の振動数（周波数ともいいます）は約27.5Hz、最高音の振動数は約4200Hzです。

　一般的に、人間は（年齢や人にもよりますが）20Hzから20000Hz（2万Hz）あたりまで聞こえるといわれています。ピアノの最高音の2オクターブ上あたりまではギリギリ聞こえるけど、3オクターブ上は人間の耳には聞こえません。また、最低音の1オクターブ下位ももう聞こえないかもしれませんね。

　なお、人間は年をとるにつれて高音があまり聞こえなくなってくるといわれています。そのため、若者にだけ聞こえる高音（モスキート音）を大きく鳴らすことで、若者がたむろして困っている場所から若者を撃退する！なんていうことも行われているそうです。

　ワンちゃんは人間よりも1〜2オクターブ高い音が聞こえますし、コウモリや蛾、イルカなどはなんと120000Hz（12万Hz）あたりまで聞こえるとか。

　一概に「音を聞く」といっても、聞こえるものも人や動物、昆虫、植物？などによって大きく変わってきます。だから、同じ環境にいても、立場が違えば、全然違う音風景が耳に届いているのかもしれません。もしかしたら宇宙にも、素晴らしい聞こえない音楽が日々鳴り響いているのかもしれないですね。

　ちなみに、視覚も同様で、例えば私たち人間から見たら同じ白色にしか見えないモンシロチョウの雄と雌ですが、モンシロチョウは紫外線を色として認識できるので、モンシロチョウの目から見ると、雄の翅は真っ黒、雌の翅は真っ白に見えるのだとか！

　私たちは世界をしっかり見て聞いているつもりでも、実はほかの誰かが見て聞いている世界は全然違うものなのかもしれません。

　また、耳が聞こえなくても、空気の振動は触って感じることができます。また、人間には聞こえない領域の音も骨伝導などで振動として感じることもでき

ます。舌である振動体を嚙むと、振動が骨を通じて伝わり、全身から音が聞こえる！というような道具もあります。

音とは物理的には空気の波であり、波の感じ方は人それぞれ。心に響く波などもあるのかも！　新しい音感覚やグルーヴは、必ずしも耳だけではなく、五感か第六感のどこからか、ふと、やってくるのかもしれません。

column 10
ピアノの弦の形は指数曲線？

グランドピアノの中をのぞいてみると、弦が綺麗な曲線を描いています。これはいったいどんな曲線なのでしょうか？

実はこれはだいたい「指数曲線 $y = \left(\frac{1}{2}\right)^x$」なのです（1オクターブの長さを x 軸の1とする）。

 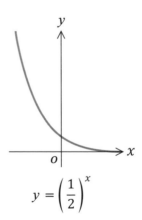

ピアノの弦がつくる曲線

これは、同じ素材、同じ質量の弦ならば、音の振動数は弦の長さに反比例す

るためです。つまり、1オクターブ上がるごとに振動数は2倍になるので、弦の長さは1/2倍になる、ということですね。

　しかし、ピアノは7オクターブあるので、弦の長さは一番短いところと一番長いところで128倍程度違うはずですが、見てみるとどうもそこまでの違いはありません。どうなっているのでしょうか？

　実際のところは、特に低音部は素材を変えたり、太さを変えたりすることで調整しているため、完全な指数曲線にはなっていないのです。

　でも、おおまかに2つの曲線が極めて似ていることがわかりますよね！
こんなところにも数学が隠れているのです。

封建時代を支配した素数2と3

　ピタゴラスは、振動数比が1：2や2：3のように綺麗（シンプル）な場合は、音がよく協和し、溶け合い、美しいハーモニーを織りなすことを発見しました。

　そこで、シンプル思考のピタゴラスは、素数として2と3だけを使うことに決めてしまいました。西洋は0か1、といった2元論を好むことが多いからかもしれません。（素数とは、1と自分自身以外に正の約数を持たない自然数のこと。これ以上、かけ算で「分解」できない、数の原子のようなものです。2、3、5、7、11、13……などです。9は3×3、10は2×5と表せるので、素数ではありません。）

　結果として、3番目に小さい素数5が作り出す「美しく協和するドとミの響き」を無視し、81/64という（5/4＝80/64と似ているけれども違う）

119

「あまり協和しない（汚い!?）ドとミの響き」を採用することになりました。これは、その後の西洋史に大きな影響を及ぼします。

なお、ギリシャ時代・古代ローマには5倍音は知られていた（例えば、1、2世紀頃を生きた古代ローマの数学者・天文学者・音楽理論家クラウディオス・プトレマイオスの音楽理論書に現れる）ようなのですが、効率化・統制を進めるうちに、5倍音は忘れ去られ、西洋ではみんな、原則ピタゴラス音律を使うようになります。

ピタゴラスが作った「ピタゴラス音律」のドレミファソラシの振動数比は、次の通りです。表に現れる分数の分母も分子も、2か3しか素因数に持っていないことを確認してみましょう！

ド	レ	ミ	ファ	ソ	ラ	シ	ド
$\frac{1}{1}$	$\frac{9}{8}$	$\frac{81}{64}$	$\frac{4}{3}$	$\frac{3}{2}$	$\frac{27}{16}$	$\frac{243}{128}$	$\frac{1}{1}$

ピタゴラス音律（現れる素因数は2と3の2つのみ）

問題15 ※答えは203ページ

ピタゴラス音律でのド：ミ：ソやド：ファ：ラ、レ：ソ：シ、レ：ファ：ラの振動数比を求めてみましょう。

見ていただくとわかるように、当時のド：ミは64：81になっており、綺麗な4：5＝64：80とは少しずれており、ドミと同時に弾いてもあまり美しく響きませんでした。

ミ：ソも同様で、81：96となっており、綺麗な5：6＝80：96より、かなりずれてしまっています。

※ $\dfrac{81}{64} = \dfrac{5}{4} \times \dfrac{81}{80}$ より、ピタゴラス音律では、ミはドの5/4倍よりも81/80倍高い。

$\dfrac{96}{81} = \dfrac{6}{5} \times \dfrac{80}{81}$ より、ピタゴラス音律では、ソはミの6/5倍よりも80/81倍低い。

CDのトラック25はピタゴラス音階の音です。聴いてみましょう。ミが少し上ずっており、ドミやミソ、ドミソが少しうなっている（綺麗にハモってはいない）ことがわかるでしょうか。

一度聞いたくらいではあまり気にならない（普段聞いているドミソとの違いがわからない）レベルかもしれませんが、実際にこの差は大きく、ピタゴラス音律を採用していた時代は「ドミソ」という和音を用いず、メロディが中心となる旋律音楽が発展することになります。
※特にオルガンのように倍音が増幅されて響く楽器では、こうしたズレの影響は強くなります。

素数を2と3の2個のみ！に縛られた音楽は、非常に封建的禁欲的に響き、教会音楽の発展を促し、政治的にも宗教的にも利用されました。
その結果、ちょうどピタゴラス音律が使われていたころの西洋中世は、封建時代や暗黒時代と呼ばれる、芸術・文化があまり発展しない時代となっています。
これは、偶然ではないと、私は考えています。音楽はそれほどまでに実は人々の考え方や気持ちにも無意識のうちに作用する力を持っているのです。
政治的にも宗教や封建的な音楽を通じて人の心を支配し統治すること

を求めた時代でもありました。その中世の音楽を背後で支配していたのは、素数2と3だったのです。

　CDのトラック5は13世紀ゴリアルド族の写本に描かれている『Ave Nobilis（アヴェ・マリア）』です。CDでは現代の楽器、現代の音律を用いていますが、曲としてはピタゴラス音律の特徴が浮き出る曲です。
　幻想的で思わず涙が出そうになるくらい美しい！曲ですが、いわゆる「ドミソ」のような和音はほぼ存在せず、下流には持続低音と呼ばれる「ソ」がずっと流れています。

　2回目のメロディのところではサックスとピアノが2：3の五度の関係で重なり合い、旋律的に音楽が生まれていきます。2つの旋律は常に2：3の関係をキープしながら、緩やかに音楽を生み出しています。このような2：3（五度）や3：4（四度）の重なりにより旋律を重ねていく手法をオルガヌムといいます。
　それは厳かで、聖母マリアを想起させる、とても素敵な世界です。

　封建的、禁欲的と聞くとネガティブなイメージがあるかもしれませんが、このように素数2と3が作り出す音楽は非常に研ぎ澄まされた教会的な美しさを持っています。
※今回は収録していませんが、『グレゴリオ聖歌』なども同様に素数2と3から作られたピタゴラス音律により歌われていました。ぜひ聴いて、素数2と3が生み出した美しい世界を体感してみてください。
※なお、人の声などの音には「倍音」が自然に含まれるため、ピタゴラス音階で歌っているときも、実は自然と5倍音（ドの中に美しい5倍音のミ）が聴こえていたはずです。不思議ですね。

column 11
ウルフの五度

　ピタゴラス音律の場合、さらに音を7音から増やしていくと、どうなるでしょうか。
※以下、1オクターブ違う音（振動数が2倍の音）は同じ音として考えることとします。

　例えば、美しい五度上の関係（3/2倍）を繰り返し積み上げ、時にオクターブを下げることで、ド→ソ→レ→ラ→ミ→シ→ファ♯→ド♯→ソ♯などが得られます。

　一方、逆にドから美しい四度上の関係（4/3倍、五度下の関係：2/3倍の音といっても良い）を繰り返し積み上げていくと、ド→ファ→シ♭→ミ♭→ラ♭となります。

　ここで、ドの音の振動数を1としてソ♯を計算すると、6561/4096となりますが、ラ♭を計算すると128/81となり、実は当時は「**ソ♯とラ♭は別物であった！（だいたい1/4半音の差）**」のです。この差を**ピタゴラスコンマ**と呼びます。

　音階の中ではラ♭を採用した（ソ♯は採用しない）とすると、本来五度の関係にあるべきド♯（2187/2048）とラ♭（128/81）の間は、

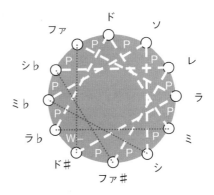

ピタゴラス音律の様子

※2：3の関係の2音を純正五度、4：5の関係の2音を純正長三度と呼びます。

P：純正五度（振動数比2：3）
W−：ウルフの五度（今はピタゴラスコンマ分狭くなっている）
細かい点線：純正長三度（振動数比4：5）に近い関係
粗い点線：純正よりかなり広い長三度（振動数比64：81）

やはりピタゴラスコンマ分だけ狭い五度となってしまい、同時に弾くとうなりが生じます。

その「うなり」が、狼がうなっている様子に似ているということで、このようになる（振動数比が3/2から遠い）五度を「**ウルフの五度**」と呼ぶようになりました。

ルネッサンス時代を開花させた素数5

　西洋大陸では素数2と3が音律を支配していたころ、一方で、アラブやケルトなどの地域ではさまざまな音律が花開いていました。アラブでは、楽器ウードの名手であったアル・ファーラービー（870頃～950頃）により『音楽大全』が書かれました。また、サフィー・アッディーン（1230頃～1294）は、純正四度を拡張して17音律を作り、アラブ音楽の基礎となりました。11世紀、十字軍が回教徒からスペインのトレドを奪回する際、アラブの文化がいわゆる西洋（ヨーロッパ）にもたらされ、ピタゴラス音律以外の音律の存在を意識するようになります。

　また、古くからケルト地方では、4：5（ドとミ）の甘美な響きを重宝していました。イギリスの作曲家ジョン・ダンスタブル（1390頃～1453）は、人々が封建時代に嫌気がさしはじめた15世紀という時代に、大陸にこうした5倍音の存在を紹介したといわれています。そして、大陸にて、とろけるように美しい純正律が開花しました。

　ちょうどその頃、中世は終わりを告げ、ルネッサンスが幕開けます。

おそらく封建時代に飽きてきた人々の自由や美、快楽への衝動が、5倍音を求めさせ、一方で「5倍音の再発見」こそが人々の感性を刺激し、ルネッサンス時代の大きな発展を生んだ、つまりルネッサンスを生み出した1つの要因は素数5なのだ！なんて私は思っています。

もちろん、ルネッサンスの誕生・発展には、活版印刷ができるようになったことや政治等の影響も計り知れないでしょう。

でも、その中で同時に、音楽や数学も歴史に大きな影響を与えているのです。

ルネッサンス時代は、人々は完全なる調和を求め、建築物等も真円や正方形を重視しました。音楽でも静的な美の完全を求め、2次元の円のように循環する音楽が生まれます。この背後にも純正律の数学的な特性があります。

アクティビティ

純正律の響きを楽しむ

CDのトラック26にて純正律の響きを楽しんでみましょう。
さて、トラック25（ピタゴラス音律）との違いがわかるでしょうか？

ド	レ	ミ	ファ	ソ	ラ	シ	ド
$\frac{1}{1}$	$\frac{9}{8}$	$\frac{5}{4}$	$\frac{4}{3}$	$\frac{3}{2}$	$\frac{5}{3}$	$\frac{15}{8}$	$\frac{2}{1}$

純正律（素因数としては2と3と5の3つが現れる）

問題16 ※答えは203ページ

　純正律において、ド：ミ：ソやド：ファ：ラ、レ：ソ：シ、レ：ファ：ラはどのような振動数比になっているでしょうか？

　まず、純正律の第一の特徴（ピタゴラス音律との違い、良い点）としては、ドミソやドファラ、シレソなどの和音が（振動数比が4：5：6や3：4：5、5：6：8と大変綺麗なため）よく溶け合い、極めて美しいとろけるような快感を与えてくれる点があげられます。そのため、純正律が浸透して以来、和声音楽（ドミソ、ドファラ、ラドミなど和音を基調とし、その上にメロディが乗るタイプの音楽）が発達しました。素数2と3だけという呪縛からも解放され、人々は和声音楽の自由の中で大いに人間性を謳歌したものと思われます。

　一方、純正音律のもう1つの特徴（デメリット）としては、転調が非常に限られている点があげられます。例えば、ドレミファソラシドでは天の音楽のように美しい純正音律ですが、例えばレから始まる調性（ニ長調、ニ短調）では肝心の五度レ：ラが27：40となっており、あまり美しくない数比→あまり美しくない響きになってしまいます。
※$\frac{40}{27} = \frac{3}{2} \times \frac{80}{81}$より、純正律では、ラはレの$\frac{3}{2}$倍よりも$\frac{80}{81}$倍低いということ。

　そのため、転調が自由にはできず、せっかく花開こうとする和声音楽にとってはかなり致命的な欠陥であることが徐々に明らかになってきます。
　全音（半音2つ分、長二度）の関係が$\frac{9}{8}$倍（ドとレ、ファとソ、ラとシ）と$\frac{10}{9}$倍（レとミ、ソとラ）の2種類あり、バランスが悪いことも悩みの種ではありました。

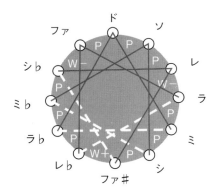

純正律の様子

P：純正五度（振動数比が２：３）
W－／W＋：ウルフの五度（純正五度より狭い、27：40／少し広い、675：1024）
実線：純正長三度（振動数比が４：５）
点線：純正より少し広い長三度

　CDトラック５（13世紀の音楽）は旋律（歌）中心の音楽で、通常、持続低音（ドローン）だけは背後で流れていましたが、トラック６（ルネッサンス時代の音楽）では和声による伴奏が生まれ、変化するコードの上でメロディが動いていますね。途中、調性もト短調から変ロ長調へと転調したりしています。
※いずれも、演奏時の音律は平均律ですが、各曲は当時の音律の影響を受けた構成になっていますので、その点をお楽しみください。

　実は、ルネッサンス時代の音楽（CDトラック６など）は、なんと、今のジャズと少し似たフォームで演奏されていました。基本形となるテーマがあり、和声（コード）進行はそのテーマと同じものを繰り返しますが、旋律部分は変奏していく……というように。変奏にはいくつか厳しいルールがあったそうで、今のジャズよりは形式的ではあったかと思いますが、封建時代から脱出した自由性は感じられます。何よりも、とにかく移りゆく和声（コード）の動きが全体を彩り、13世紀の音楽にはない色彩感を持っています。

　とはいえ、純正律では転調できる範囲が限られている（Gm ト短調か

らB♭変ロ長調へ、など）ため、和声の動きは限定的であり、まるで円を描くように静かに循環しているのがわかるでしょうか？　ルネッサンス建築が静的な完全なる円や正方形を求めたのとも、無関係ではないかと思います。非常に美しい、円を描く動きのような曲です。

　しかし、人々は純正律の音楽性に飽き足らず、より自由に転調できる世界を求め、かなり早い段階からピタゴラス音律や純正律を改良すべく動き始めます。ミーントーン（中全音律）に始まる音律探究時代の幕開けです！

ミーントーン（中全音律）からウェル・テンペラメントへ：バッハやベートーヴェンが求めたもの

　ルネッサンス後、宗教的な動乱が広がり、ドイツではマルチン・ルターが宗教改革を始めました。その頃、腐敗したカトリックをよみがえらせようという「対抗宗教改革」も盛んになりました。その１つの現れが、イタリアで花咲いた絢爛たるバロック建築の数々！です。

　バロック建築には、「地球は太陽の周りを楕円軌道で回っている」ことを発見した同時代のケプラーの影響もあるのか、楕円が多く現れるようになり、また複雑で立体的に波打つような動きのある形や螺旋階段などが多く創られるようになりました。

　偶像崇拝を禁止したプロテスタントに対抗し、カトリックでは逆に非常に豪華な神様や天使の彫刻や絵を建築と一体化させ、民衆を圧倒させ、敬虔な気持ちを呼び起こさせたのでしょう。美しく豪華で精緻な建築・彫刻の数々は、民衆の心をグッとつかみました。

同じ頃、純正律の限界から抜け出そうと多くの音楽家が改良を試み、ミーントーン（中全音律）と呼ばれる音律が生まれます。ミーントーンとは、ざっくり言えば、ピタゴラス音律や純正律を一部改良して、実現したい転調について基本和音（ドミソなど）がなるべく美しく響く音律を探そう……という目的から作られた音律です。15〜19世紀、主に鍵盤楽器で使われました。

　なお、すべてが対称的で同じように美しく響く音律は存在しません。例えば、純正五度（3/2倍の関係）をいくら積み上げても、3/2の累乗は2の累乗に一致することはない（※数学的には「素因数分解の一意性」のため）ので、どこかに歪みが生じます。その歪みを「どこ」に「どの程度」作るか、が、肝だったともいえます。

　なお、この後の説明は数字や数式が使われるので、少々難しく見えるかもしれませんが、ざっくり、どんなことを求めていたのか、それをどのように実現しようとしたのか、が、感覚的にとらえられればよいので、ゆっくり読み進めてみてください。

　まず、ルネッサンス時代から初期バロック時代まで好んで使われた**「1/4コンマ中全音律」**について、紹介します。

　これは、ピタゴラス音律と似ている構造なのですが、ドとソのような五度の関係を2：3（純正五度）よりほんの少しだけ狭めた「中全五度」を使います。結果、ドとミ（五度を4回重ねて生まれる音）の関係を81/64より縮めて純正三度（5/4）にしてしまおうというものです（数学的には〝5の1/4乗倍〟が中全五度の関係、ここに既に「無理数」は現れていたのですね）。

129

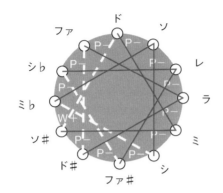

ミーントーンの様子

P−：純正五度よりほんの少しだけ狭い中全五度
W＋：ウルフの五度（純正五度よりかなり広い）
実線：純正長三度（振動数比が4：5）
点線：純正より相当広い長三度

　1/4コンマ中全音律は、なかなかの優れもので、♯が3つ以下、♭が2つ以下の曲（ルートがド、ソ、レ、ラ、ファ、シ♭の世界）ではうまくいきました！が、もっと転調をして♯や♭が多い調性に移ってしまうと、やはり問題が生じてしまうとわかってきました。

　例えば1/4コンマ中全音律では、ピタゴラス音律のときとは逆にソ♯よりラ♭がかなり低くなります。そのため、ラ♭を省いたとすると、＜ソ♯とミ♭＞の比率が3/2よりかなり広くなってしまい、やはり、かなりウナリが生じるウルフの五度になります。また、ド♯とファも純正三度より相当広くなり、楽曲ではとても使えない響きになります。

　中全音律（ミーントーン）はモーツァルトが好んで使ったといわれています。（正確には、モーツァルトは1/6コンマ中全音律をよく使っていたのではないかといわれています。いずれにせよ、モーツァルトは五度（3倍音）より三度（5倍音）の響きを大切にしたといってもよ

W.A.モーツァルト
（1756-1791、オーストリアの作曲家）

いと思います！）だから、モーツァルトの作品にはあまり♯や♭が多く使われておらず、転調も比較的少なめなのかもしれません。また、中全音律では純正三度がとても美しく響くので、なんともいえない、明るく心地よい音楽が生まれたのではないかと思います。（現代の音律で演奏した場合、響きは異なるものの、作られた当時の響きの名残は、曲の中に残っていると私は思っています。）

　さて、さらに、ここまでの音律を組み合わせて良いところドリをしよう！としたのが、ウェル・テンペラメント（不等分平均律とも呼ばれる）の発想です。ウェル・テンペラメントでは、ヴェルクマイスターやキルンベルガーの音律が代表的です。

　ウェル・テンペラメントでは、転調がミーントーンに比べて比較的自由にできるようになったほか、♯や♭を多く用いる調性でも作曲ができるようになりました。また、調ごとの特性（爽やか、喜び、哀しみ、幻想的など）が濃厚になり、作曲家はそうした特性を生かした作曲をするようになりました。

　例えば、バッハが『平均律クラヴィーア曲集』に使ったのではないかといわれている「ヴェルクマイスターの音律（第一技法Ⅲ音律）」では、ここまでのアイディアを組み合わせ、

　　　ド→ソ→レ→ラまでは中全五度、ラ→ミ→シまでは純正五度、

　　　シ→ファ♯は中全五度、それ以外は純正五度

としました。が、実際はそれだと少し1オクターブをはみ出すので、中全五度の部分を少し平均的に狭めた改良中全五度を使っています。

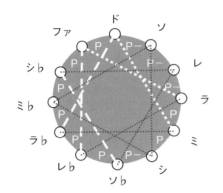

ヴェルクマイスター音律
（第一技法Ⅲ音律）の様子

P：純正五度
P−：純正五度よりほんの少しだけ狭い改良中全五度
細かい点線：純正長三度に近い関係
少し細かい点線：純正より狭い長三度
粗い点線：純正より広い長三度

　ヴェルクマイスター音律（ウェル・テンペラメント）では、♯や♭が少ない調では純正律に近い響きとなり、♯や♭が多い調ではピタゴラス音律に近い響きとなります。そのため、バッハは例えばハ長調では三度を甘く用い、変ト長調では三度に少ししか触れない……というように調性の色に応じて曲を書いているようです。

　バッハは螺旋的に自由に曲を（転調により）発展させたい気持ちが強かったため、ミーントーンでは飽き足らず、自身でも調律をいろいろと研究し、試したといわれています。最終的にウェル・テンペラメント（いろいろな調性で自由に音楽を展開でき、かつ調性の個性が際立つ音律）に出会い、今『平均律クラヴィーア曲集』と訳されている曲の作曲に至ったのだと思われます。なお、この「平均律」は誤訳であり、実際は「ウェル・テンペラメント」ないし「不等分平均律」という意味で使われています。

　CDのトラック7とトラック8には、バロック時代の音楽として、バッハの『BWV1039 SONATA Ⅱ』の第1楽章、第4楽章が収録されています。

バッハならではの旋律の対称性がたくさん現れる様子、そしてルネッサンス時代よりもさらに立体的・動的に旋律や和声が動く様子、和声（コード）の動きが圧倒的に自由になり、螺旋階段のように変化していく様子をお楽しみください（例えば、Cm⇒Fm⇒B♭⇒E♭⇒A♭⇒Dm（♭5）⇒G7⇒Em（♭5）のように、ルート音が四度（半音5つ分上）ずつ駆け上がったり少しずれたりする和声の自由な動きなど）。

　また、ベートーヴェンが用いたのではないかといわれるキルンベルガーの音律（第Ⅱ法）では、
・ド→ソ→レまでは純正五度、レ→ラ→ミまでは純正五度よりかなり狭い五度、
・ミ→シ→ファ♯までは純正五度、ファ♯→レ♭までは純正五度より少し狭い五度、
・レ♭→ラ♭→ミ♭→シ♭→ファ→ドまでは純正五度
と、します。
　ただし、ドとミの関係は純正長三度となるように調整します。

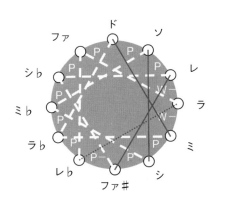

キルンベルガーの音律
（第Ⅱ法）の様子

P：純正五度
P−：純正五度よりほんの少しだけ狭い、改良中全五度
W−：純正五度より狭い五度
実線：純正長三度
細かい点線：純正長三度に近い音
粗い点線：純正より少し広い長三度

　この結果、純正な五度（3/2の関係）や純正な長三度（5/4の関係）になる2音の組み合わせは増え、使える調性も増えました。が、レと

ラ、ラとミはとても緊張感のある狭い五度となり、なかなか使われませんでした。でも、レとファ♯、ラとド♯、ソとシなどは美しい純正長三度になっているのでニ長調やイ長調、ト長調は祝祭的な曲（長三度を強調する）には適していると思われたようです。また、キルンベルガー音律を使う作曲家は自然と、ミーントーンを使う作曲家に比べ、♯や♭が多い曲を書くようになったと思われます。

このように、バロック時代以降、作曲家は、概して、まず音律を決め、音律により決まる調性の個性や関係を生かした形で作曲をするようになりました。

ベートーヴェンは例えば「変ニ長調は王者の風格がある（majesty）」とか「ロ短調の色は黒だ」とかと言ったそうですし、同時代のダニエル・シューバルトは「ハ短調は愛と不幸せな愛の哀しみ、もの悲しさ、切ない恋情、ニ長調は歓喜やハレルヤ（神への感謝）、勝利の喜び……」などと、各調性の個性を書いた本を出版し、当時の音楽家に影響を与えました。当時の作曲家は、それほどまでに調性一つひとつの個性を大切に考えていたのです。

L.v. ベートーヴェン（1770-1827、ドイツの作曲家）

著名な『歓喜の歌』（第九第四楽章合唱部分）では、祝祭的な音が欲しかったからこそ、ニ長調が選ばれたのかもしれないですね。また、ベートーヴェン『悲愴』ソナタはハ短調（Cm）で作曲されています。ハ短調は純正五度と狭い短三度（これは、例えばキルンベルガー音律第Ⅱ法ならば、ピタゴラス音律と同じ、グレゴリオ聖歌のような響き）を持ち、この狭い短三度が独特の悲壮感を醸し出します。だからこそ、『悲愴』ソナタの調性としてハ短調を選んだのだ、などともいわれています。

　ぜひ、楽曲が生まれたときの調律で、その楽曲の真の姿を聴いてみたいものです。

column 12
バッハ、モーツァルト、ベートーヴェン

　バッハ（1685-1750）は、ドイツで活躍しました。8人兄弟の末っ子として生まれ、人生の多くを教会や宮廷でのオルガン奏者として過ごしました。当時は作曲家としてよりも、名オルガン演奏家として即興演奏の腕とともに知られ、バッハの曲は次世代の古典派からは「古臭い」と糾弾され、暫(しばら)くは歴史から忘れ去られそうになっていました。ところが、1829年メンデルスゾーンによる『マタイ受難曲』のベルリン公演をきっかけに作曲家としても急激に注目を集めるようになります。

　バッハは、ある意味で古い時代と新しい時代の架け橋として、究極の形を模索した人です。ピタゴラス音律の時代の古いポリフォニー的（旋律的）音楽と、古典派の新しいホモフォニー的（和声的）音楽を融合させ、現代にも通じるような珠玉の作品を1100以上生み出しました。その背後では、緻密な「対位法」と呼ばれる数学的論理的な構造も追い求めましたし、さまざまな理想の音律を自ら追求した音楽家でもあります。カノン形式をもう少し自由にしたフーガ形式でも、さまざまな素晴らしい作品を残しています。

　モーツァルト（1756-1791）はオーストリアの作曲家であり、ウィーン古典派3大巨匠の1人。7人兄弟の末っ子でした。お父さんも宮廷作曲家であったため、早くからモーツァルトの天賦の才能を見抜き、幼少期から音楽の英才教育を施します。モーツァルトが7歳の時の演奏を聴いたゲーテは、これは絵画のラファエロ、文学のシェークスピアに並ぶ才能だと思った、という逸話が残っています。

　その後の人生では900以上の名作を生み出すものの、素行の悪さや浪費癖から職や金銭面に恵まれず、35歳でその生涯を閉じます。

　5大オペラ『後宮からの逃走』『フィガロの結婚』『ドン・ジョヴァンニ』『コシ・ファン・トゥッテ』『魔笛』のほか、『トルコ行進曲』『きらきら星変奏曲』

『アイネ・クライネ・ナハト・ムジーク』など、長調の、明るく軽快で美しい曲を多数残しています。時代性や、モーツァルトが愛したミーントーンという音律、当時の軽い鍵盤のピアノの特徴による影響もあるだろうといわれています。「下書きをしない天才」としても有名で、「いったい私が頼んだ曲の譜面はどこにある？」と聞かれて、頭を指さしたという逸話もあるほど。

　ベートーヴェン（1770-1827）はドイツの作曲家で、モーツァルト、ハイドン同様、ウィーン古典派3大巨匠の1人。古典派からロマン派への移行期を代表する音楽家です。20歳頃から難聴となり、28歳頃にはほぼ聞こえなくなり、自殺を考えたことも。でも、最終的には心の中に鳴り響く音楽を信じ、再び音楽家としてやっていくことを決意し、30代後半はロマン・ロランに「傑作の森」と呼ばれるほど多くの名作を生み出した時代となります。
　古典派の様式美とロマン派の感覚を両立させ、「苦悩を突き抜けて歓喜に至る」表現方法は多くの音楽家を刺激しました。交響曲『No.3 変ホ長調　英雄』『No.5 ハ短調　運命』『No.9 ニ短調（合唱付）』ピアノソナタ『ハ短調　悲愴』『嬰ハ短調　月光』などなど、数々の心揺さぶる名曲を残しています。

　バッハ、モーツァルト、ベートーヴェンは3人とも即興演奏の名手として名をとどろかせ、同時に後世にまで残る珠玉の作品を残した作曲家です。が、決定的に違うのは、バッハとモーツァルトは職業音楽家で、原則はパトロンの要請に従って曲を書いていたのに対し、ベートーヴェンは作曲家＝芸術家であることを公言し、曲を芸術作品として扱った点でしょうか。そこは音楽家の歴史の中では大きなターニングポイントとなりました。
　とはいえ、作品の内容は、モーツァルトもベートーヴェンもバッハの影響を強く受けており、3人とも、天才的な感性とともに、建築のような構造の美を追い求めた作曲家でした。

ケプラー、オイラー、メルセンヌの音律：数学者の音律探究

　音律の問題は音楽家に限らず、数学者・物理学者・天文学者等の興味をひき、特にバロック音楽からロマン派にかけての時代においては、他にもさまざまな音律が数学的に生み出されました。実用的な調律ができたかどうかはともかくとして！

　例えば、次に掲げたのはドイツの天文学者・数学者ヨハネス・ケプラー（1571-1630）が作った音律です。「地球が太陽の周りを楕円軌道で回っているに違いない！」と気づいたことで大変有名な、かのケプラーさんは、かつては音律まで作っていたのですね！

ド	ド#	レ	レ#	ミ	ファ	ファ#	ソ	ソ#	ラ	シ♭	シ
1	135/128	9/8	6/5	5/4	4/3	45/32	3/2	405/256	27/16	9/5	15/8

ケプラーの音律

　そして、著名な数学者・天文学者オイラーも、なんと音律に関する論文まで出しています。

ド	ド#	レ	レ#	ミ	ファ	ファ#	ソ	ソ#	ラ	シ♭	シ
1	25/24	9/8	75/64	5/4	4/3	45/32	3/2	25/16	5/3	225/128	15/8

オイラーの音律

問題17 ※答えは204ページ

オイラーの音律で、振動数の比、ミ：ソ♯：シ や レ：ラ はどのようになっているでしょうか？

これらの音律はかなり数学的にうまくできていて、6つの調性でしかうまく使えなかったミーントーンに対し、12程度の調性に適用可能な音律となっています。

ヨハネス・ケプラー
（1571-1630、天文学者・数学者）

レオンハルト・オイラー
（1707-1783、数学者・天文学者）

2倍も自由度が増えたのですから、さぞかし喜ばれただろうと思いきや……調律の手間を考えられずに作られているため、これらの音律を実現するための調律は極めてややこしいことになってしまいました。そのため、あまり実用的な音律ではなく、結果的にほぼ使われずに終わっています。

現代に先駆けて平均律調律の実践的なアイディアを出したのは、フランスの数学者・神学者マラン・メルセンヌ（1588-1648）です。

1636年にメルセンヌは『普遍的調和：音楽の理論と実際』という本

を発表しました。その中では彼は2の12乗根を精度よく計算し、どの調性もまったく同じ配列になるような現代の平均律をどう調律すればよいかについてもアイディアを提示しました。これにより、今でいう平均律（すべての半音を2の12乗根の比で調律する）を実現することが簡単になりました。

　が、そもそも、調性の個性をなくし、和音の表情や響きの変化を廃した没個性的な平均律は、19世紀前半まで音楽家の賛同をまったく得られませんでした。

マラン・メルセンヌ
（1588-1648、フランスの数学者・神学者）

　19世紀頃までは作曲者・演奏者・調律師の区別なく、作曲者が自ら調律し演奏もしていたこともあり、音楽家は調性の響きの個性をとても大切にしていました。が、産業革命の波は音楽界の発展にも影響を及ぼし始めるのです。

𝄞 column 13
ケプラー、オイラー、メルセンヌ

3名の学者の名前が出てきたので、ここでご紹介したいと思います。

まず、ドイツの天文学者ヨハネス・ケプラー（1571-1630）の名前は皆さん、聞いたことがあるのではないでしょうか？
「惑星は、太陽を1つの焦点とする楕円軌道上を動いている」などの「ケプラーの法則」を発見したことで有名ですね。ケプラー以前は、地動説を支持する人たちでさえ、神は完全なのだから天体はすべて真円の軌道で動いていると古代ギリシャ時代より信じ込んでいました。が、ケプラーは膨大な観測データをもとに、天体の運動の中に隠れた数学を探し当て、「楕円軌道」のアイディアに至ります。地球が楕円軌道で太陽（1つの焦点）の周りを公転していると仮定すると、観測データが自然に説明されるようになりました。これは画期的な発見であり、芸術や文化にまで影響を与えました。ルネッサンス期の建築には、真円がたくさん使われていますが、バロック建築には、楕円や長円がたくさん登場します。

ケプラーは、ピタゴラス以来の「天体音楽論」の支持者でもあり、宇宙には耳には聴こえない音楽（ムジカ・ムンダーナ）が鳴り響いていると信じていました。ロマンティックですね。ケプラーだけでなく、ピタゴラス時代から「天体と音楽」には密接な関係があると信じられており、「音楽」とは、演奏して耳に聴こえる現実世界のものだけではなく、より高次の宇宙や世界の調和、秩序（ハルモニア）を表すもの（ムジカ・ムンダーナ）でもあったのです。

一方、レオンハルト・オイラー（1707-1783）は、人類史上最多の論文を書いた数学者といわれ、解析学や数論、幾何学、数理物理学など、幅広い分野で顕著な業績を残した天才です。「空気を吸うように計算をした」と呼ばれるくらい計算が大好きで、20代には右目を、60代には両目を失明するにも関わらず、死ぬ直前まで計算をし続けていた、などといわれています。

　オイラーの業績は本当に多岐にわたっており、いまだにオイラーの名前がついた数学的産物がたくさんあります。

　オイラーの公式 $e^{i\pi} = -1$ やオイラー定数 γ、オイラーグラフ（一筆書きができるグラフ）、オイラーの多面体定理とオイラー数（位相幾何学的不変量）、オイラー函数（n 以下で n と互いに素な自然数の個数）、オイラー・マクローリンの和公式……ゼータ関数の基礎を築いたのもオイラーさんですね。

　そんな天才オイラーは、音律の論文まで出していたというのですから、面白いですね。さらに作曲もしたことがあるとか！　ただし、残念ながら作曲の才能はなかったようだ、と伝えられているのもなんだか微笑(ほほえ)ましいです（笑）。

　最後にフランスの数学者マラン・メルセンヌ（1588-1648）。彼はオイラーよりすこし前の、ケプラーと同時代に生きた数学者であり、神学者です。

　メルセンヌさんの本職は司祭でしたが、趣味として数学や科学、音楽について研究を進めていました。

　メルセンヌさんは、$2^n - 1$ の形をした数には素数が多い！ということに気づき、この形の素数をメルセンヌ素数と名付けました。今でも新しい素数は、メルセンヌ素数から発見されることがほとんどです。なお、2017年12月には、50番目のメルセンヌ素数 $2^{77232917} - 1$（2000万桁をこえる）が発見されました。

メルセンヌさんは、音楽についての数学的理論も多く打ち立てており、音響学の父とも呼ばれています。彼は2の12乗根も見事に精緻に計算し、数学的素養の音楽への応用として「平均律」を実用化できるレベルにもっていったのですが、長い間、音楽家の美的感覚には届かず放置されました。また、弦をはじいたときの音の振動数と、弦の長さ、厚さ（直径）、張力などとの関係の法則を明らかにし、発表した最初の人でもあります。
　司祭でありながら、数学に魅惑され、音楽や宗教までも数学との交錯の中でとらえたメルセンヌ。彼にとっての数学は、とても音楽的なものだったのかもしれませんね！

平均律が開いた現代・現代作曲

　18世紀後半から19世紀にかけて、蒸気機関の発明により動力源や交通に革命がおこり、著しい技術発展や工場制機械工業が起こり、人類は「産業革命」の時代を迎えます。

　この頃、ピアノは（モーツァルトが使ったような）軽快で音の減衰が速いフォルテピアノと呼ばれる古いピアノから、より高品質の弦を利用し鉄製のフレームで支えた、力強くて音の伸びがあるモダンピアノへと変身します。音域も7オクターブほどへ広がり、ベートーヴェンは早速ピアノの高い音も低い音も自由自在

フレデリック・ショパン
（1810-1849、ポーランドの作曲家）

に使う壮大な曲作りに挑戦していますし、速い連打も可能になったのでフレデリック・ショパン（1810-1849、ポーランドの作曲家）やフランツ・リスト（1811-1886、ハンガリー出身のピアニスト・作曲家）が作曲等に連打を多用するようになりました。

フランツ・リスト
（1811-1886、ハンガリー出身の
ピアニスト・作曲家）

　19世紀後半にはピアノの大量生産も可能になり、それに伴い、すべての半音の振動数比を精密な2の12乗根とする「平均律」による調律が、一番簡易！ということで、一挙に「12音平均律」の音律が世界中に広がるようになりました。また、平均律に調律されたアコーディオンも人気を博し、世界中に持ち運ばれたため、合奏する中で、世界のさまざまな楽器も徐々に12音平均律を採用するようになりました。
※この頃には半音の100分の1程度の精度で調律ができるようになっていました。

　これが20世紀の音楽や私たちの生活や社会、文化にどのような変化を及ぼしたかといえば……まず、第一には、没個性・均一化ということでしょうか。

　調性の個性がなくなったため、20世紀音楽は調性を否定し、自由自在にランダムに音を選ぶようなシステムや無調音楽を好んで創り出すようになります。それは、ある意味で非常に20世紀的な、従来の音楽へのアンチテーゼ（批判的な再構築）となるようなものでした。

20世紀社会も、画一的な大衆化の流れが進みます。結果としてイデオロギーが台頭し、2回の世界大戦を経験し、人々は混乱しました。同時に、アインシュタインの驚くべき理論に始まり科学技術が凄(すさ)まじく発展し、一挙に生活が便利になった画期的な時代でもあります。これらも、科学の進歩と共に均一的な大量生産によってもたらされた大繁栄でした。

　これらの社会の動きの原因は平均律なのだ！とまでは言いませんが、実は社会と音律は密接に結びつき、互いに影響を与えています。「平均律」が20世紀に与えた影響は、実は大きいのではないかと思います。中国では昔、王様が変わるごとに音律が変わりました。音律は政治的なものでもあったのです。

　21世紀を迎える今、多様性・個性の重要性が改めて叫ばれています。21世紀はどんな世紀になるのか。夢のある新しい音律の在り方を模索したいものですね！

| 寄り道ラボ | **いろいろな音律のまとめ** | Page_01 |

　12音平均律では、ドから1オクターブ上のドまでの振動数が等比数列になっていて、

$$\text{ド}(1)、\text{ド}\sharp(2^{\frac{1}{12}})、\text{レ}(2^{\frac{1}{6}})、\text{レ}\sharp(2^{\frac{1}{4}})、\text{ミ}(2^{\frac{1}{3}})、\text{ファ}(2^{\frac{5}{12}})、$$
$$\text{ファ}\sharp(2^{\frac{1}{2}})、\text{ソ}(2^{\frac{7}{12}})、\text{ラ}\flat(2^{\frac{2}{3}})、\text{ラ}(2^{\frac{3}{4}})、\text{シ}\flat(2^{\frac{5}{6}})、\text{シ}(2^{\frac{11}{12}})、\text{ド}(2)$$

と並んでいます。その後、1オクターブ上の12音階を並べても等比数列が続きます。

　つまり、平均律では、どの音から始めても、その12音の関係性はまったく同じ（2の12乗根を公比とする等比数列）ということですね。

※参考：CDのトラック27には、平均律の音が入っています。

　なお、ピアノの鍵盤は、振動数の「対数関数」だと私は思っています。対数関数なんて、もうすっかり忘れてしまった（あるいは知らない）方が多いと思いますが、ざっくり言えば、「対数関数」とは「掛け算を足し算に直す魔法」です。

　対数関数的に音を表す良い方法として「セント」という単位があります。平均律において「半音上げる（振動数を2の12乗根倍する）」ことを、「対数関数」を通して足し算の情報に直して、「音の高さに100セント加える」と理解してみましょう。

　すると、1オクターブ上の音は1200セント上の音です。「ソ」はドより半音7つ分上の音ですから平均律の「ソ」は700セント、「ミ」はドより半音4つ分上の音ですから平均律の「ミ」は400セントの音とわかります。

　では、純正律の「ソ」（ドの振動数の3/2倍の音）は、何セント？

Page_02

　実は、これは計算により、約702セントであることが知られています。つまり、気持ちいい3/2倍の「ソ」は、私たちが今ピアノで弾いている平均律の「ソ」より、わずかに高いのです。でも、たった2セントの違いだから、あまり気にならない！というところでしょうか。

　では、平均律の「ミ」（400セント）に対して、純正律の「ミ」（ドの振動数の5/4倍の音）は、何セントなのでしょうか。
　これは、実は386セントなのです。つまり、本当によく響く5/4倍の「ミ」（386セント）は、私たちが今ピアノで弾いている平均律の「ミ」（400セント）より14セントも低いのですね。

　代表的な音律を、セント（真ん中のドを0、1オクターブ上のドを1200とし、対数的に各々の音の位置を示す数値）で比較した表が以下となります。

さまざまな音律をセントで表したもの

	ピタゴラス音律	純正音律	ミーントーン	ヴェルクマイスター	キルンベルガー第二法	12平均律
ド	**0**	**0**	**0**	**0**	**0**	0
ド#/レ♭	114	112	76	90	90	100
レ	**204**	**204**	193	192	**204**	200
レ#/ミ♭	294	**316**	310	294	294	300
ミ	408	**386**	**386**	390	**386**	400
ファ	**498**	**498**	503	**498**	**498**	500
ファ#	612	590	580	588	590	600
ソ	**702**	**702**	697	696	**702**	700
ソ#/ラ♭	792	**814**	773	792	792	800
ラ	906	**884**	890	888	895	900
シ♭	996	**1018**	1007	996	996	1000
シ	1110	1088	1083	1092	1088	1100

※太字は、ドとの振動数比が9以下の整数比で表される（つまり、ドと綺麗に協和する）音です。

一見、純正音律が良いように見えますが、これはあくまでも「ド」との関係を表した表です。例えば、レとラの差は、

$$884 - 204 = 680$$

に、なっており、美しい3/2倍：純正五度の関係（702セント）より22セントも狭く、狼のようにうなる「ウルフの五度」になっていることがわかります。

同様に、ファ♯と1オクターブ上のド♯との差は、

$$(112 + 1200) - 590 = 722$$

に、なっており、美しい3/2倍：純正五度の関係（702セント）より20セントも大きく、狼のようにうなる「ウルフの五度」になっていることがわかります。

問題18　※答えは204ページ

純正律、ミーントーン、キルンベルガー（第Ⅱ法）において、ミ♭と、ソ♯またはラ♭の音の高さの差は何セントでしょうか。

また、ド♯またはレ♭と、ファの音の高さの差は何セントでしょうか。

調に個性があることは素敵なことですが、転調に制限がかかることは不自由でもありました。そういう意味では、12音平均律は、長三度（ドとミの関係）の幅が少し広いものの、許容範囲かな？というところで、かなりうまくできた音律であることがわかりますね。

column 14
フレデリック・ショパンとフランツ・リスト

　ポーランドを愛した作曲家フレデリック・ショパン（1810-1849）は、ピアノの詩人と呼ばれ、前期ロマン派音楽を代表する作曲家です。7歳にしてポーランドの民族舞踏に由来するポロネーズを作曲し、人々を驚かせました。即興音楽も得意で、漫画やモノマネも得意だったというユーモア溢れるショパンは若い頃からずばぬけた作曲の才能を発揮しますが、同時に若い頃から病（結核）に悩まされます。

　18世紀、ポーランド・リトアニア共和国は、周囲の大国ロシア・プロイセン・オーストリア（ハプスブルク帝国）に3度にわたって領土を奪われ、最終的には「ポーランド分割」により領地を奪われます。文化や言語、憲法までもが無視され、不条理な統治を受けた結果、1830年頃、ポーランドとリトアニアにおいて、ロシア帝国支配に対して武装反乱が起こりました（11月蜂起）。こうした悲惨な歴史は、ポーランド人の愛国心を育て、強い結束を育みました。ショパンもそうした中で祖国ポーランドへの強い想いを育んだ1人であり、フランス移民の父を持ちながらも「ポーランド人よりポーランド的」と呼ばれるほどポーランドを愛しました。

　1836年頃からは、フランスの女性文筆家ジョルジュ・サンドと恋人関係になり、1838年にはマジョルカ島へ逃避行をしますが、厳しい冬の気候はショパンの健康に大きな悪影響を及ぼします。とはいえ、この冬、ショパンは多くの作品を生み出し、その後も非常に創造的な活動を展開し、『24の前奏曲集』（バッハの『平均律クラヴィーア曲集』に啓発されたもの）や『英雄ポロネーズOp53』などを生み出します。しかし、病はどんどん彼の身体を蝕み、39歳にして若い命を落としました。

　フランツ・リスト（1811-1886）はハンガリーで生まれましたが、ヨーロッパ全土で活躍したピアニスト・作曲家です。超絶技巧で「ピアノの魔術師」

149

と呼ばれ、アイドル的な存在であり、女性の熱狂的なファンも多くいたといわれています。作曲も4オクターブほどを自在に動き、速いパッセージ、音数の多い和音が特徴であり、即興演奏にも秀でていました。交響詩という新しいジャンルも生み出しました。『ピアノ協奏曲』や『愛の夢』など数々の名曲を送り出しました。

　リストの演奏は力強く、即興も交えてどんどん盛り上がるため、弦が切れたり、ハンマーが壊れることもしばしば！だったそうです。名器ベーゼンドルファーは彼の演奏に耐えられる！ということで有名になりました。リスト自身が演奏中に気絶することもあったとか。

　リストの作品はドイツロマン派に分類されるものが多いといわれますが、心身共に病に苦しんだ晩年は実験的な無調音楽（ただし、6音平均律のホールトーンや4音平均律のディミニッシュ等の色合いが強い）にも挑戦しています。

　彼らは同時代のピアニストとして切磋琢磨しながら、19世紀の音楽を盛り上げました。

column 15
なぜ1オクターブは12音になったの？

　12音平均律がかなりうまくできた音律であることはわかりましたが、そもそもなぜ「12」個の音名を人間は選んだのでしょうか？　1年が12ヵ月だから？　半日が12時間だから？　12が素因数2と3だけからできる綺麗な数だから？

　例えば、この世界に2つの音名しかなかったとしたら、どんな世界になるでしょう？

これは簡単です。1オクターブ（振動数2倍）は1200セントですから、2音平均律は、0セントと600セント、つまり、

ドとファ♯（2音平均律音階）

の2音になります。ピアノがある人は、この2つの音を出してみましょう。いかがでしょう？　ちょっと気持ち悪い音ではないでしょうか？　どうも2音平均律だけで音楽を作るのは、あまりお薦めできません……。

　では、3音平均律は？　これは0セント、400セント、800セントの3音。つまり、

ドとミとソ♯（3音平均律音階）

です。これは音楽用語では「オーギュメント」と呼ばれるコードを構成する3音です。でも、やはりこれだけで音楽を作ろうとすると、ちょっと気持ち悪いですね。

　4音平均律は、0セント、300セント、600セント、900セントの4音。つまり、

ドとミ♭とファ♯とラ（4音平均律音階）

です。これは音楽用語では「ディミニッシュ」と呼ばれるコードを構成する4音です。

　6音平均律は、0セント、200セント、400セント、600セント、800セント、1000セントの6音。つまり、

ドとレとミとファ♯とラ♭とシ♭（6音平均律音階）

です。これは音楽用語では「ホールトーン」と呼ばれる音階です。

　これら、いずれも、不思議で素敵な音たちではありますが、もし「今後はこれだけしか音を使ってはいけない！」と言われたら……その国の音楽は、さぞ、なんだか落ち着かない音楽になることでしょう……でも、それはいったいなぜなのでしょう。

　そのカギは、「ソ」にあります。いずれの音階も、ドにとって一番近しい仲間である3倍音の「ソ」を含まない。だから、落ち着かないのです。

151

では、5音平均律や7音平均律はどうなのでしょう？

実は、この背後には、実に面白い数学があります。

つまり、○音平均律の中に「ソ」に近い音があるということは、ドの振動数を2の○乗根の△乗倍すると3倍音のソに近くなるということ。

ちょっと難しく言えば、「2の△／○乗が3に近くなる」つまり、

$$2^{\frac{\triangle}{\bigcirc}} \fallingdotseq 3 \quad \Leftrightarrow \quad \log_2 3 \fallingdotseq \frac{\triangle}{\bigcirc}$$

……あらら、急に難しい記号が出てきましたが、気にせず進めましょう（笑）。$\log_2 3$ とは2を何乗したら3になるかを表す無理数であり、計算すると、

$$\log_2 3 = 1.58496250072\cdots$$

であることがわかっています。

ここで、簡単に数学の珠玉の理論「連分数」をご紹介しましょう。連分数とは、分数の中に分数が入れ子になったような形のもので、分子は基本的に1であるものを考えます。

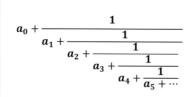

定義　連分数

連分数とは、以下のような形で表される数である。簡略のため、以下を $[a_0; a_1; a_2; \cdots]$ で表す。ただし、$[a_0; a_1; a_2; \cdots a_n]$ と有限で終わる連分数を有限連分数、有限で終わらない連分数を無限連分数という。

この連分数は、無理数の近似において、まるで魔法のように良い性質を持っています。

ある無理数 a に対して、その「とても良い近似分数」は、a の連分数展開を途中で止めたものになるに、ほかならない！ということです。

これを認めると、$\log_2 3$ のとても良い近似分数がわかり、その分母に現れるものが、良い○の候補ということになります。実際に、$\log_2 3$ を連分数展開してみると、

$$\log_2 3 = 1 + \cfrac{1}{1 + \cfrac{1}{1 + \cfrac{1}{2 + \cfrac{1}{2 + \cfrac{1}{3 + \cfrac{1}{1 + \cfrac{1}{5 + \cfrac{1}{2 + \cdots}}}}}}}}$$

となり、この「とても良い近似分数」は、

$$1, \quad 1 + \cfrac{1}{1} = 2, \quad 1 + \cfrac{1}{1 + \cfrac{1}{1}} = \frac{3}{2}, \quad 1 + \cfrac{1}{1 + \cfrac{1}{1 + \frac{1}{2}}} = \frac{8}{5}, \quad 1 + \cfrac{1}{1 + \cfrac{1}{1 + \cfrac{1}{2 + \frac{1}{2}}}} = \frac{19}{12},$$

$$1 + \cfrac{1}{1 + \cfrac{1}{1 + \cfrac{1}{2 + \frac{1}{2 + \frac{1}{3}}}}} = \frac{65}{41}, \quad 1 + \cfrac{1}{1 + \cfrac{1}{1 + \cfrac{1}{2 + \cfrac{1}{2 + \frac{1}{3 + \frac{1}{1}}}}}} = \frac{84}{53}, \cdots\cdots$$

となります。つまり、良い○の候補としては（最初の方は近似が粗いので飛ばすと）5、12、41、53、……などということになります。

　見事、「12」が現れましたね！　つまり、人間が音数に「12」を選んだのは、決して偶然ではなく、「1オクターブを平均的に割った中に、純正五度に近い関係の2音が含まれていて欲しい」という思いと数学がこっそり結びついて生まれた、必然だったのです。

153

人間は、感覚的に物事をとらえていると思いこんでいるときでも、実は数学的な何かに操られていることがいろいろとあるのだと思います。

　一方、インドネシアのガムラン等は、実際に（「12」の前の候補である）5音平均律を使っているとのこと。ペンタトニックと呼ばれる、世界中の民謡等で見つかる名曲の秘密「ドレミソラ」の5音階も、5音平均律に近いものと考えることができます。

　なお、前ページのように有限回で止めて計算するとき、その止めた「次」の分母の数が大きいほど、近似がとっても良くなることになるのがわかるでしょうか。例えば、

$$\log_2 3 = 1 + \cfrac{1}{1 + \cfrac{1}{1 + \cfrac{1}{2 + \cfrac{1}{2 + \cfrac{1}{3 + \cfrac{1}{1 + \cfrac{1}{5 + \cfrac{1}{2 + \cdots}}}}}}}}$$

のうち、比較的大きな数である「5」の手前で止めると、

$$1 + \cfrac{1}{1 + \cfrac{1}{1 + \cfrac{1}{2 + \cfrac{1}{2 + \cfrac{1}{3 + \cfrac{1}{1}}}}}} = \frac{84}{53}$$

のようになりますが、無視した部分は、（分数の入れ子構造の中で）1/5よりも小さいので、誤差が少ないのではないかと考えられるからです。逆に、次の分母が「1」の場合は、その前で止めても「とっても良い近似分数」とはいえないことになります。

そのように考えると、実は、12より大きい数で、次にとっても良い◯の候補は53のようです。そこで、実際に53音平均律の楽器を作った、オモシロイ方がいらっしゃいます（笑）！

R.H.M.ボーザンケットの53平均律ピアノのイメージ

ドからドまでに53個の音がある鍵盤楽器！　演奏するのが大変そうですね……。
とはいえ、死ぬまでに一度、いつか弾いてみたい！と夢見ている鍵盤楽器です……。

連分数の問題に挑戦 Page_01

せっかくですから、ここでは連分数の練習問題として、お楽しみください！
（別紙に写して大きなスペースで計算してみましょう。）

問題19 ※答えは204ページ

次の連分数を分数に表しなさい。

例： $1 + \cfrac{1}{3 + \cfrac{1}{5}} = [1; 3, 5] = 1 + \cfrac{1}{\frac{16}{5}} = 1 + \cfrac{5}{16} = \cfrac{21}{16}$

(1) $\cfrac{1}{1 + \cfrac{1}{1 + \cfrac{1}{2}}} = [0; 1, 1, 2]$

(2) $3 + \cfrac{1}{7 + \cfrac{1}{15 + \cfrac{1}{1}}} = [3; 7, 15, 1]$

(3) $1 + \cfrac{1}{2 + \cfrac{1}{2 + \cfrac{1}{2 + \cfrac{1}{2}}}} = [1; 2, 2, 2, 2]$

問題20 ※答えは204ページ

次の分数を連分数に表しなさい。

例： $\cfrac{24}{11} = 2 + \cfrac{2}{11} = 2 + \cfrac{1}{\frac{11}{2}} = 2 + \cfrac{1}{5 + \frac{1}{2}} = [2; 5, 2]$

(1) $\cfrac{22}{7}$

(2) $\cfrac{12}{5}$

(3) $\cfrac{7}{32}$

(4) $\cfrac{682}{305}$

問題21　※答えは205ページ

次の数は、ある分数（ただし、分母も分子も99以下の整数）を小数で表したものであるとわかっています。分数の正体は、いったい何でしょう!?

$$2.1612903\cdots$$

問題22　※答えは205ページ

次の無理数を連分数で表しましょう。

例：$\sqrt{2} = 1 + (\sqrt{2} - 1) = 1 + \cfrac{1}{\cfrac{1}{\sqrt{2}-1}} = 1 + \cfrac{1}{1+\sqrt{2}}$

$= 1 + \cfrac{1}{2+(\sqrt{2}-1)} = 1 + \cfrac{1}{2+\cfrac{1}{2+\cfrac{1}{2+\cfrac{1}{2+\cdots}}}} = [1; 2, 2, \cdots]$

(1) $\sqrt{10}$

(2) $\sqrt{3}$

問題23　※答えは205ページ

以下の無限連分数を無理数で表しましょう。

$$x = 2 + \cfrac{1}{4+\cfrac{1}{4+\cfrac{1}{4+\cfrac{1}{4+\cdots}}}} = 2 + \cfrac{1}{2+2+\cfrac{1}{4+\cfrac{1}{4+\cfrac{1}{4+\cdots}}}} = 2 + \cfrac{1}{2+x}$$

column 16
名曲を支える5音のお話

　世界の名曲には、なぜかよく使われる秘密の5音があります。例えば、ハ長調の曲ならば、その正体は……「ドレミソラ」！
　12個の音の中からこの5音を取り出して使うとき、この5音をペンタトニックと呼びます。

　例えば、『赤とんぼ』をドレミで歌ってみましょう。覚えていますか？

「ソドドーーレミソドラソーラドーーレーミーーーーーミラソーーラドラソラソミソミドミレドドーーーーー」

　……確かに、「ドレミソラ」しか使っていませんね！

『ぞうさん』も、
「ドーーラソードーーラソードーーレミソミミレドレーソーーソミーラソミドーレーーミラソドーーーーー」、
『蛍の光』は、
「ソードーードドードミーレードレーミレドードーミーソラーーーー」、
『上を向いて歩こう』は途中までですが、
「ドドレミドラソ　ドドレミドラソ　ドドレミーミソラーラソラソミレ…」

　このように、「ドレミソラ」しか使っていない曲が（日本に限らず）世界にはたくさんあります！　なぜなのでしょうか。他の5音ではだめなのでしょうか？　4音や6音ではだめなのでしょうか？

　実は、この魔法の5音は、ドから2：3の五度の関係を積み立てていくと出

てくる最初の5音なのです。ド→ソ→レ→ラ→ミと、確かにドレミソラが現れましたね！

　さらに前のコラムを思い出してみると、実は……ありました！　次の連分数を途中で止めると8/5となり、分母に確かに5が現れ、「5等分平均律は良いもの」とわかります。

$$\log_2 3 = 1 + \cfrac{1}{1+\cfrac{1}{1+\cfrac{1}{2+\cfrac{1}{2+\cfrac{1}{3+\cfrac{1}{1+\cfrac{1}{5+\cfrac{1}{2+\cdots}}}}}}}} \quad \rightarrow \quad 1 + \cfrac{1}{1+\cfrac{1}{1+\frac{1}{2}}} = \frac{8}{5}$$

　つまり、「ドと1オクターブ上のドをだいたい5個くらいに分けると（ここではド、レ、ミ、ソ、ラ）、割と良いものになりますよ」ということがここからわかります。

　やはり、この5音を地球上のいろいろな民族が大切に愛してきた背景にも、実は数学的な秘密があったのです。

　なお、ピアノの黒鍵だけを弾くと、ソ♭ラ♭シ♭レ♭ミ♭というソ♭を初めの音とするペンタトニックになっています。そのため、即興的に黒鍵だけを使って音楽を作ってみると、とても豊かな、優しい美しい曲が生まれます。

　初めて作曲する人は、ぜひ「黒鍵だけを使ったメロディ作曲」を試してみてください！

　心に深く染み入る名曲が創れるかもしれません。

column 17
サイン関数と計算で音を創る

　本章では、サイン波が音の原子であり、サイン波を複雑に組み合わせればどんな音でも作れると書きました。これを利用したのが、デジタルシンセサイザーであり、初音ミクなどのボーカロイドです。

　実際、「音（周期的な音波、楽音）」は「フーリエ級数展開」することで、その音がどんなサイン波（サイン関数）たちからできているかを調べることができ、その数式から逆に「音」を再構成することができます。シンセサイザーに、ピアノやバイオリンやサックス等、さまざまな音がインプットされているのは、この「フーリエ級数展開」を利用したからこそです。

　ボーカロイドのさまざまな声も、同様の手法で作られています。なお、WiFiやメール送信、画像認識などにも、フーリエ変換（解析）という手法が使われ、私たちは今やフーリエ変換なしでは生きられない社会になっています。

　少しだけ数式と音の対応を見てみましょう。以下は、デジタル・シンセサイザーにおいて、標準的に使われている音（波）です。（実際の音の式は異なりますが、本質的な形は以下の数式だといえます。）
　CDのトラック28には、（1）〜（5）の音が順に入っていますので、聴いてみてください。

（1）サイン波　$x_{sin}(t) = \sin 2\pi f t$

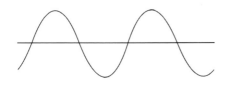

サイン波の概形：
倍音は一切ない。音叉の音が近い。

(2) 三角波

$$x_{triangle}(t) = \frac{8}{\pi^2} \sum_{k=1}^{\infty} (-1)^{k-1} \frac{\sin\{(2k-1) \cdot 2\pi ft\}}{(2k-1)^2}$$

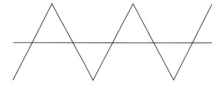

三角波の概形:
基本周波数の奇数倍音のみを含み、高い倍音成分は急速に小さくなるため、サイン波に近い。

(3) 矩形波

$$x_{square}(t) = \frac{4}{\pi} \sum_{k=1}^{\infty} \frac{\sin\{(2k-1)2\pi ft\}}{2k-1}$$

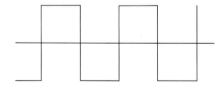

矩形波の概形:
基本周波数の奇数倍音のみを含み、やわらかい音となる。クラリネットの波形が近い。

(4) のこぎり波

$$x_{sawtooth}(t) = \frac{2}{\pi}\sum_{k=1}^{\infty}\frac{\sin(k \cdot 2\pi ft)}{k}$$

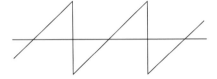

のこぎり波の概形：
基本周波数の奇数倍音も偶数倍音も含まれ、たけだけしい明瞭な音。ヴァイオリンや金管楽器の波形が近い。

(5) ノイズ（むちゃくちゃな、比較的ランダムな波形）　これは式には書けません。

ノイズの概形(一例)：
基本周波数のすべての倍音をランダムに含む！　物がぶつかって壊れる音、太鼓の音、掃除機の音など。

いかがでしょう？
　無味乾燥な難しそうな数式が綺麗な波形に変わり、それが不思議な新しい音色になる。ある意味で、この音色は、数式から聴こえてくる音色といえます。
　……実は、数学の理論や数式の中には、至上の音楽が鳴り響いているのかもしれません。この式やあの式がどんな音色、音楽を奏でるのか……想像するだけで楽しいですね！

第4章

未来の音楽と数学

~創造の時代──21世紀をどう楽しむか?~

ランダムな音楽

　ここまで、さまざまな音楽の中に潜む数学をのぞいてきました。いかがでしたか？

　この章ではもう少し、「数学的な音楽」の例をご紹介しながら、未来の音楽・数学の在り方を模索したいと思います。

　「ランダム」という言葉が今、数学の中でホットです。ランダムとは、一切規則性を持たず発生し、未来が予測できない状態のことです。そんな「デタラメ」にどんな数学が⁉と思うかもしれませんが、デタラメだからこその数学があるのです。そして、数学という緻密で美しい世界は、実はこうしたデタラメ（ランダム）の上に成り立っていることが多いのです。

　例えば、水を少しだけこぼすと、丸い水滴になります。これは、原子たちが「丸くなろう！」と協力しあって組織的に動いているわけではなく、一つひとつの原子が全く自分勝手に「ランダムに」デタラメに動くからこそ、なのです。こうしたミクロなレベルでのランダム性がマクロなレベルでの調和につながる、というのは非常に面白い現象ですね。人間社会も、意外に組織的に動かない方が最終的に綺麗にまとまるのかもしれないですね。

　このように、「ランダム」というデタラメは、一見数学的でない・人間的でないようで、実はとても数学的かつ人間的な概念でもあります。このランダム性を利用して音楽や芸術を作ろうとした試みも、たくさんあります。そのいくつかをご紹介します。

最初にご紹介するのは、モーツァルトの『音楽のサイコロ遊び（K516f）』。これは176小節の譜面からなるモーツァルト作曲の曲ですが、一風変わっています。モーツァルトが生きた時代は、パーティがよく開かれ、パーティでは賭け事が盛んでした。この曲は、モーツァルトも大好きだったサイコロ賭け事を用いた遊びの音楽といえます。

　まずはパーティで２個のサイコロを振ります。１〜16小節目までには各々11種類の小節が用意されており、その２個の目の和（２〜12の11種類）に従い、１小節目を選びます。次にまた２個のサイコロを振って規則に従い２小節目を選び……と続けていき、２個のサイコロを全部で16回振って１〜16小節目を切り取って並べると、なんと素敵な16小節のメヌエットが完成する！というおしゃれな遊びです。

　サイコロを振るだけで、モーツァルトとサイコロを振った人の共同作品ができあがる（共同作曲の疑似体験ができる）のですから、なんだかワクワクしますね。しかも、曲は、ハ長調→ト長調→ハ長調と展開する可愛いメヌエットであり、できあがる曲の種類は、11の16乗という途方もない組み合わせになります！　偶然性やギャンブル性までをも音楽に取りこんだこのような試みは、ある意味でとても前衛的といえますし、どんな目が出ても素敵な曲になる背景には音楽的数学的にも緻密に計算された秘密があり、さすがです。（私も作ってみたことがありますが、なかなか面白い！）

　私たちも早速モーツァルトとの共作を試みてみました！　２個のサイコロを振り、目の合計を並べていくと、次のようになりました。
１回目：７、７、３、５、10、４、５、６、９、７、６、４、７、５、６、12
２回目：４、３、11、８、４、９、６、７、２、６、８、８、７、４、５、10

165

これに応じて、モーツァルトのサイコロ遊びからできた楽曲がCDのトラック9（1回目）とトラック10（2回目）に収録されています。いかがでしょう？　なかなか素敵なモーツァルトらしい曲ですよね！　でも、サイコロの目によって1回目と2回目は少し違う曲風になっているのが面白いですね。あなたも、ぜひ試してみてください！

　なお、サイコロを振って音楽を作る、という遊びは、18世紀後半にヨーロッパで流行し、ハイドンたちも作っていたとか。まともなサイコロならば1〜6までの数字がランダムに現れますので、この遊びはランダム性を生かした遊びということができますね。

　さて、時代は変わり、20世紀。平均律が台頭した時代に現れた「現代音楽」の幕開けは、12音主義といってよいでしょう。平均律は、今までの2：3や4：5のような美しい響きや調性の個性がなくなり、どの調性も同じように響き、どの2音も（オクターブを除き）十分協和しなくなりました。時代も産業革命を経てまったく同じものが機械により大量生産されるようになり、1917年にロシア革命を迎え、自由、あるいは無秩序（ランダム？）を求める気運が高まっていきました。

　その中で、今までの調性や感傷的な面を排除し、12音を1〜12の数字に置き換え、ただただ自由にランダムに1〜12を並び替えて音楽を作ろう！（ただし、この場合は一度出た音は12個使い切るまでは使わない、というルールでのランダム性）というのが12音主義です。12音主義をはじめたアルノルト・シェーンベルクは『管弦楽のための変奏曲』『月に憑かれたピエロ』『ワルシャワの生き残り』などの作品を残していますが、聴いてもなかなかいわゆる〝感動〟はしづらい楽曲です。

さらにこの発想をリズムや強弱にも生かし、本当にさまざまな音楽要素をただの「数字」に置き換え、その「数字のランダムな配列（セリー）」として音の高さや長さや強弱を配列する、といういかにも平均律的・現代的な発想で生まれたのが、「現代音楽」の「トータル・セリエリズム」です。戦後はこのような「音楽のさまざまな要素の再定義」（何が音楽なのかを問い直す）がどんどん進み、もはやなんでもあり！　偶然性の音楽（チャンス・オペレーション）や、ジョン・ケージの有名な「4分33秒」（「4分33秒ピアノの前に静かに座る」という無音の音楽）なども生まれます。確率論、集合論等も酷使され、電子音楽やカセット音楽なども実験的にどんどん試され、調性やメロディや感情等を廃した「数値的な音楽」が台頭したのが20世紀の主な現代音楽シーンといってもよいかもしれません。

　その結果、「現代音楽」は一般民衆の心からは離れてしまい、アカデミックな要素が強くなり敷居も高くなってしまった印象があります。ランダムの持つ有機的な力は生かされず、まるで時に音楽が無機物のように扱われてしまった……。

　とはいえ、その背後には、数学と同じように、「音楽とは何か？」「聴くとはどういうことか？」などを改めて問い直そうとする、人間たちの強い衝動があります。
　おそらく、人類の歴史上、「現代音楽」の試みは避けては通れなかったものではないかなと、私は考えています。同時に、20世紀は、ジャズを生み、ロックを生み、パンクやプログレなど、多くの新しい熱い民衆音楽・文化をも生みだしました。画期的な科学技術の進歩とともに2度の世界大戦を体験した混沌と動乱の時代だからこそ、人間は悩み惑い、

167

ありとあらゆる模索をしたのだと思います。

　そうした20世紀音楽は、現代音楽も含め、実は、どれも非常に人間的な、あまりに人間的な試みだ！と私は感じています。

スティーブ・ライヒとミニマル音楽

　もう2つほど、現代音楽の事例をご紹介したいと思います。
「ミニマル音楽」という言葉を聞いたことがあるでしょうか？　ミニマル音楽とは、音の動きを最小限におさえて、パターン化された音型を反復させる音楽であり、1960年頃から盛んになりました。現代音楽の1つの流れですが、どちらかといえば、ポップス的な響きを持ち、現代音楽とポップスの間の試みとして扱われてきました。

　ミニマル音楽で代表的な作曲家に、テリー・ライリー（『In C』など）やラ・モンテ・ヤング（『弦楽三重奏』など）がいますが、ここではスティーブ・ライヒ（1936-）の発想をご紹介します。まずはライヒの発想を用いて演奏したCDのトラック29を聴いてみましょう。

　これは、あるフレーズ（ドミファソシ）をピアノがBPM＝60（1分に60フレーズ）で演奏しているのに対し、ビブラフォンが同じフレーズをBPM＝61（1分に61フレーズ）で演奏しています。同じ時刻からフレーズを始めると、最初は両者が非常に似ているにも関わらず、だんだんずれていき、途中でかなり離れます。が、徐々に再び近づいていき、最終的にまた一致します。

問題24　※答えは205ページ

　さて、これはどの位の時間で再び一緒になるでしょうか？

ピアノの1フレーズは1/60分で演奏されていますが、ビブラフォンの1フレーズは1/61分で演奏されています。

$$1/60 \times \bigcirc = 1/61 \times \triangle$$

と、なるような自然数○、△で最小のものは何か、といえば……
○＝60、△＝61ですね！

つまり、1/60×60＝1分で2人は再び一致するはずです。CDで確認してみましょう。（最後の「ドミファソシ」の1つ目の音「ド」が、ぴったり60秒で一致しているはずです。）

問題25　※答えは205ページ

あるフレーズ（ドミファソシ）をピアノがBPM＝60（1分に60フレーズ）で演奏しているのに対し、ビブラフォンが同じフレーズをBPM＝62（1分に62フレーズ）で演奏したとき、同じ時刻からフレーズを始めたとすると、何分後に再び一緒になるでしょうか。

このように異なる位相を持つ2音を干渉させて、そのズレの様子を楽しむ音楽形式はフェーズ・シフティングと呼ばれ、ライヒの「ピアノ・フェーズ」などに利用されています。

まるで水面に生まれた、2つのさざ波のような音楽。ぜひ、その不思議な恍惚感に包まれるミニマルな世界を楽しんでみてください。
※CDのトラック30『Polytemple』はミニマル的な発想で作られた曲といえます。

数学をまさに作曲に応用した、平和を愛する情熱の人：ヤニス・クセナキス

数学を作曲に応用した人として一番有名なのは、ヤニス・クセナキス（1922-2001）でしょう！　クセナキスは、作曲家であり、建築家であり、そして数学者でした。でも、クセナキスは、決して血も涙もない無機的な数学を音楽に適用したのではなく、むしろ熱く、平和への情熱や創造への想いを数学的音楽にのせて表出させた、極めて独創的な芸術家です。ぜひ、ここでご紹介したいと思います。

クセナキスは、1922年ルーマニアに、ギリシャ系フランス人として生まれました。アテネ工科大学では建築と数学を学びますが、世界が第二次世界大戦に向かう中、反ナチス・ドイツのレジスタンス運動に積極参加。銃弾を受け、左目を失い、左耳も傷つけてしまいます。

1947年ギリシャを脱出したクセナキスは、故郷ギリシャで欠席裁判にて、なんと死刑判決を受けています。1948年よりパリで建築家ル・コルビュジェのもと建築を学び、ブリュッセル万国博覧会（1958年）でフィリップス館の建設等に携わり、黄金比を用いたモデュロール理論なども発案しました。一方で、パリ音楽院にてオリヴィエ・メシアンのもと作曲を学びはじめたクセナキスは、作曲で苦悩の時期を迎えます。そのとき、メシアンに「君は数学を知っている。なぜ数学を作曲に応用しないのか」といわれて戦慄を覚えたクセナキスは、その後の生涯において、「数学を応用した現代作曲」に全身全霊を賭けます。

縦軸を音高、横軸を時間とするグラフ図形を譜面としたオーケストラ曲『メタスタシス』で鮮烈なデビューを飾ったクセナキスは、確率論や

集合論等、他の現代作曲家に比べて深い数学理論を音楽に独自に応用し、ギリシャの民謡等にも影響を受けながら、激しくも瑞々しい音楽作品を生み出していきます。

　また、1977年には時代に先駆け、「ユピックシステム」という、描いた図形を音に変換する作曲システムの開発を行いました。ここには、彼の「人間というものは、それぞれが創造の手段と才能を持っている」という深い信念が込められています。私は、クセナキスが「ユピックシステム」を生み出した際の信念や想いが大好きです。

　人間は本来創造の力を持っているにも関わらず、楽器の演奏や記譜法を学ぶなどの技術がないと作曲できないなんて、残念！という考えから生み出された「ユピックシステム」。私は次のクセナキスの言葉に、強く共感すると同時に、深い感銘を受けました。

　「芸術の分野における創造というのは、人間の改良していく、創造していく能力の中で一番豊かなものだと思うのです。その力を人間が持つことになれば、戦争の危険というものはより少なくなり、人間と自然との間に培われている関係の質というものはより豊かなものになるのではないかと考えています。政治や経済の話は多くされるけれども、自分たちの生に価値を与える、人生を生きる価値があるものにする、それの話をすることを忘れているのではないかと思うのです。何かというと、それは、つくること―創造することだと思います。」（武満徹対談選―仕事の夢　夢の仕事／小沼純一・編（ちくま学芸文庫）／筑摩書房、p.142）

column 18
クセナキス『Psappha(プサッファ)』の中の数学

　クセナキスは多数の難解な作品を残していますが、パーカッションのための『Psappha』は、とても情熱的で不思議な音楽です。7世紀頃のギリシャの女流詩人サッフォー（愛や喪失の哀しみなど個人的なことを描いた、メロディックで感情的な詩で有名）の詩のリズム構造に啓発されて作った楽曲です。パーカッションは木か皮のもの、金属のもの、というざっくりした指定があるだけですが、叩くべき箇所は明確に指示されている難解な曲です。

　譜面には、五線譜はなく、ただ各々のパーカッションの置くべき音が●として表示されているだけ（2390拍のグラフ）です。ここに散りばめられている2つの数学を、ここで譜面は掲載できないのですがご紹介します！

　♪764拍目から始まるパーカッションCのフレーズと、772.5拍目から始まるパーカッションAのフレーズと、790拍目から始まるパーカッションBのフレーズは、11：5：7の相似拡大になっています。これは、「相似カノン」といえますね。

相似カノンのイメージ

　以下は2つのフレーズが2：3の相似拡大で追いかけている相似カノンです。

●○○○●○○●○○●○○○○○●　（4、2、2、6の塊(かたまり))
○○○●○○○○○○●○○○●○○○○○○○○●　（最初の●から6、3、3、9の塊）

※各々の塊の長さが2：3になっていることがわかるでしょうか？

♪2255拍目から始まるパーカッションCの拍は、2拍、3拍、5拍、8拍、13拍、21拍、34拍、55拍の頭にアクセントが順に現れます。これはフィボナッチ数列ですよね。つまり、アクセントとアクセントの間隔は、徐々に黄金比程度で広がっていくのです。

フィボナッチ数列を用いたPsappaの一部分

●○●○○●○○○●○○○○○●○○○○○○○○●●○○
……

20世紀に生まれたジャズと数学

　私はジャズに大学時代に出会い、その世界に強く魅惑され、惹き込まれました。ジャズは、ある意味で、ある一定のルールのもと、自由に創造性をその場で極限まで発揮していく試みといえます。即興的にその日のその場の空気感の中で、音や空気という言葉にならないもので裸のコミュニケーションをしながら、自分の音を模索する、哲学的でも人間的でも数学的でもあるような世界。常に禅問答のように、自分自身の存在を問われながら、かつ「意味」を超えたところで羽ばたこうとする衝動。数学的に本質的に迫る部分と、それらをすべて壊していこうとする想いがせめぎ合う中に、新しい表現が瞬発的に生まれていきます。

　ジャズは、私はある意味で数学の宝庫だと思っています。極めて人間的で時に非論理的な泥臭い数学！　奴隷として苦しい日々を送っていた黒人の方々から生み出されたブルースは、彼らの知的興奮の中からジャ

ズという形を徐々に生み出しました。ジャズとはアフリカをルーツとする黒人の方々のリズムやソウルが、西洋的なメロディやハーモニーと出会って生まれた芸術といっても過言ではない。もちろん、最終的には人種によらず、その人の正直な音・音楽であることがジャズの条件だと私は思っています。でも、その中で密かに躍動する数学は、人々の感性を強く刺激します。

　例えば、『ジャイアント・ステップス』という、素晴らしいテナーサックス奏者ジョン・コルトレーンの曲は、バッハが試みたような螺旋型の自由な転調の発展版といえます。

　以下は、「コード表記」というものを用いて描いた『ジャイアント・ステップス』の譜面です。コード表記がわからない人も、読み進めてみましょう！

『ジャイアント・ステップス』のコード進行

B D7 / **G** B♭7 / **E♭** / Am D7 /
G B♭7 / **E♭** F♯7 / **B** / Fm B♭7 /
E♭ / Am D7 / **G** / C♯m7 F♯7 /
B / Fm B♭7 / **E♭** / (C♯m7 F♯7) //

　これは、実は3音平均律が基準になっています！　本質的な各小節の調性の動き（太字部分のみ）を見ると、

B／G／E♭／(G)／G／E♭／B／(E♭)／E♭／(G)／G／(B)／B／(E♭)／E♭／(B)

第4章　未来の音楽と数学

174

と、なっています。ただし、（　）で囲まれているコードは、その中の「コードに向かおうとする和声の動き」になっています。

※Ｂはロ長調（シが主音）、Ｅ♭は変ホ長調（ミ♭が主音）、Ｇはト長調（ソが主音）です。

（Ｂ、Ｅ♭、Ｇ）つまり主音でいえば（シ、ミ♭、ソ）は半音４つずつ離れているので、ちょうど12音平均律を４つずつ（つまり、３音平均律）に分けた音になっています。その３音平均律を下がる形になっているのが前半、うまく「コードに向かおうとする和声の動き」を利用しながら徐々に３音平均律を上がるのが後半ですね。

　なお、バッハの螺旋カノンでは、以下のように６音平均律（半音２つずつ上がっていく）が使われていました。発想は非常に似ていますね！（背後には、数学の言葉では群論というものが少し関係しています。）

　ハ短調（ド）→ニ短調（レ）→ホ短調（ミ）→嬰ヘ短調（ファ♯）

　　→変イ短調（ラ♭）→変ロ短調（シ♭）→ハ短調（ド）

　ほかにも、ジャズの中では、例えば「ある小節では、和音●（例：ファ、ラ、ド）の中のドとして考えるが、次の小節では和音★（例：ラ♭、ド、レ）の中のドとして考える」のように、「ド」の解釈をどんどん変え、「ド」を２つの景色をつなげる「糊」のようにして、自由に話を展開する手法や、第３章で見たようにリズムを複雑に混ぜたり、敢えてリズムの頭を１つ前や後ろに少しずらしたりしながら不思議な新しいグルーヴを創り出す手法など、基本となる形を少しずつ（数学的アイディアのもと）変形することで自由な新しい驚きを生み出し、音楽に力や命を与えていくことが常時行われています。

　逆に言えば、糊となる音を決めれば、その音を含む和音の動きをうま

175

く、おしゃれに作ることで面白いメロディや展開ができます。また、2つの和音があれば糊となる音をうまく使って（連打したり、スラーでつなげたり、ベースラインで敢えてその音を誇張したり）動いていくと、「全体の景色は変わっていくのに、変わらない何かが自然に音楽の底に流れている」ような効果が得られます。

　私自身は、大好きなアーティストがいたら、そこの背後にある感性と論理の秘密を探り、何がこの驚きや感動やウネリを生んでいるのか、頭と心をフルに使って探ります。その中で、さまざまな発見をして、それが血肉になり、そこに自分なりの何かが加わると、新しい表現へと結びついていく。そこには音楽と数学が混在しています。

　ジャズにおける訓練とは、まさに、感性をフルに開いて磨きながら、かつ身体も頭も（数学を用いて）先入観をこえた自由〜な状態に持っていくこと。そして、自分にとっての生きる本質は何かを問い続けること。

　ジャズと数学については、正直一冊の本では書ききれないほどの面白いつながりがありますが、今回はこのあたりで！（ここには秘密もあります（笑）。）

　ただし、ジャズなどの音楽には、クセナキスが信じたような創造性という人間元来の衝動、そして感性・情熱といった、論理だけでは最終的に割り切れない人生の混沌が、底にあります。無味乾燥な論理だけでは決して、感動を生み出せない。
　と同時に、数学にも、そうした情熱、感性、人間性というものが必要

です。なぜならば、数学もまた、創造の世界なのだから。

　そういう究極の意味でこそ、両者は本当に似ている、と私は考えています。そして、創造性が核である限り、音楽も数学も自由な論理性と瑞々しい感性を共に必要とするのだと。

　〝All musicians are subconsciously mathematicians（すべての音楽家は本質的に数学者だ）〟

　これは極めて独創的な天才ジャズピアニスト、セロニアス・モンクの言葉です。彼の言葉を認めれば、実は歴史上にはたくさんの黒人数学者がいることになります！

　セロニアス・モンクは、類いまれな感性と自由な論理の力で、さらに先を見通していました。モンクの音楽はとても数学的です。（その「数学性」は、ある種、ビートルズやジミ・ヘンドリックスのような、いわゆる時代のヒーローたちにも通じるモノのように思っています。）

　2016年「セロニアス・モンク・ジャズ協会」は、やはり優れたジャズピアニストであるハービー・ハンコックの意向を受けて〝Math, Science &Music〟というプロジェクトを開始しました。音楽を通して、創造的に、数学や科学といった STEM（Science, Technology, Engineering, Mathematics /科学, 技術, 工学, 数学）を学ぶ——ということ。もはや、数学、科学、音楽の間に境界線はありません。ワクワクしますね……！

　このように、ジャズは数学の宝庫なのです。

column 19
セロニアス・モンク、ジョン・コルトレーン、ハービー・ハンコック

　セロニアス・モンク（1917-1982）は、アメリカ黒人ジャズピアニストであり、ジャズ界の大巨匠といえます。ほぼ独学でピアノを学び、徐々に極めて独創的・個性的なモンクスタイルを確立していきます。彼の音楽は、論理的感性とでもいうべきものに支えられています。まるで子どもが遊んでいるような不思議で外れたような音の中に、珠玉の美しさやギリギリにまで満ちた空間があり、その音は人の心を驚かせ、そして癒やします。ビ・バップと呼ばれるジャズスタイルの祖の1人でありながらも、彼の音楽を模倣することは極めて難しく、その点でほかのジャズプレイヤーと決定的に異なります。

　モンクは実は数学や物理も大好きだったとか。そういえば不思議なことがあります。『ミステリオーソ』という曲はファ レ ソ ミ♭ ラ ファ ソ ミ♭……と始まりますが、ファ：レ≒3：5、レ：ソ≒3：2、ソ：ミ♭≒5：8……と最初の3つの比は、ちょうどフィボナッチ数列の隣り合う項の比、つまり黄金比を感じさせる比になっているのです……。モンクは、直感的に、数比の不思議や神秘を知っていたのかも……と思われることが多くあります。彼は、まるで子どものような音を出すために猛烈に考え悩み追究しました。そして、演奏中はノッてくると、立ってグルグル回りだしたり、足が不思議な動きをしたり……。私はモンクが大好きです！　モンクは、晩年精神を患い、最後の10年はほとんど演奏をせず亡くなりました。でも、生涯を愛妻ネリーとともに暮らし、歴史に大きな大きな足跡を残したモンク。作曲家としても多くの素晴らしい不思議な名曲を残したモンクは、今なお、新鮮な、ドキドキするような躍動を届けてくれています。あの音楽の凄さ、究極のやさしさは何なのか……。

セロニアス・モンク

ジョン・コルトレーン（1926-1967）は、やはり素晴らしいアメリカ黒人ジャズテナー（ソプラノ・アルト）サックス奏者で、20世紀ジャズの巨人の1人に数えられます。ハードバップ・モードジャズ・フリージャズといわれるようなさまざまなジャズの時代を牽引し、そのスピリチュアルな演奏は多くの人の心を打ちました。巨匠マイルス・デイビス（トランペット奏者）やセロニアス・モンクのバンドで研鑽（けんさん）を積んだ後、1957年7月、コルトレーンは「神の啓示」を受けたと語り、演奏が深みをぐっと増します。40歳で亡くなるまで常に進化し続け、自分の音楽を追い求めたコルトレーン。先に紹介した『ジャイアント・ステップス』をはじめ、映画『サウンド・オブ・ミュージック』から『マイ・フェイヴァリット・シングス』、深い『バラード』、究極の『至上の愛』など、名盤が数多くあります。彼の音や音楽、生き様は、ジャズファンのみならず、当時の多くの人の心を震えさせ、今なお人々に感動を届けています。私も大好きな、魂のサックスプレイヤーです。

ジョン・コルトレーン

　ハービー・ハンコック（1940-）は、やはりアメリカ黒人ジャズピアニストであり、作曲家・編曲家でもあります。ストレートなジャズだけでなく、フュージョン、ファンク・ジャズ等でも常に第一線で活躍してきました。『ウォーターメロン・マン』『処女航海』『カンタロープ・アイランド』『ドルフィン・ダンス』など、名曲をたくさん残しており、1973年にはバンド「ヘッド・ハンターズ」を開始し、エレクトリック・ピアノやキーボードを弾くようになります。

ハービー・ハンコック

179

彼の音楽はいつも色彩豊かで軽やか、ノリやすく、ある意味では知的でもあります。先に書いたように、音楽と科学技術の関係にも関心があり、時代の変遷とともに、いち早くそうした新しいテクノロジーに挑戦してきました。クラシックやヒップホップ等にも造詣が深く、何度もグラミー賞を受賞しています。非常に器用で聡明な、総合的・現代的な音楽家だといえます。1960年代はマイルス・デイビスとも共演しており、ある意味でコアなジャズの精神と現代の幅広い多彩なジャズの在り方の両方を経験している、稀有な音楽家といえます。

　「ジャズ」は20世紀に生まれ、その究極に創造的な音楽、生き様、独創的な挑戦を通して、人々を多様に刺激し、感動させ、勇気を与えてきました。21世紀のジャズは……どうなるのでしょう!?　無限大の可能性を前に、私たちが改めて、ジャズが生まれた当時のあの凄まじいエネルギーや想いを思い出し、新しく、思いきり、21世紀の自分たちなりの「創造」に向き合う必要があります。そこには、もしかしたら光や空間も関わるのかも……。

21世紀の数学・音楽とは?　そして、21世紀社会はどこへ向かう?

　私は、21世紀に大切な言葉は、越境（多様性）、自然との融合（生物としての感性）、そして創造にあると思っています。まずは、その私見を1つずつお伝えできればと思います。

【越境（多様性）について】
　20世紀は、数学でも、音楽でも、科学でも、ビジネスでも、産業でも、ありとあらゆる分化がおこり、各々の領域で専門化や効率化、抽象

化などが深く深く進みました。ある意味で、いろいろなところに、深い
深い穴を掘った時代。

　次から次へと生まれる科学技術に人々は喜び、技術の「改善」を徹底
的に進め、これ以上もう進めない！　あるいは、もうこれ以上進んでも
仕方ない……そんな状態に陥ったのが20世紀末ではないでしょうか。

　21世紀になり、数学では、異なる分野、ときに異なる世界との共同
研究が増えてきました。深い点を掘り続けたもの同士が知見を交わすこ
とで生まれる新しい化学反応が、新しい研究を推し進め、人類の視点を
大きく開きつつあります。例えば、ポアンカレ予想を解いたペレルマン
は、位相幾何学という分野の未解決問題を、物理的発想を用いて解決し
ました。もはや、既存の「分野」だけの知見では手に負えないことが増
えた、ともいえます。

　音楽も同様に、ジャズやロック、プログレ、パンク、ミニマルなど、
実に多くのジャンルが生まれた20世紀を経て、今、さまざまな世界が
融合するところに新しい音楽が生まれつつあります。20世紀後半にて既
にジャズ・トランペット奏者のマイルス・デイヴィスは、ロックとジャ
ズ、時にクラシックとジャズ、邦楽とジャズ、電子音楽とジャズなどを
融合した新しい境地の開拓に命をかけました。21世紀、私たちはさらに
深く深く音楽の本来の形を模索しようとしています。そこには、日本的
な感覚も融合されていくはず。

　IBMの2015年の調査レポートによると、世界の会社のCEOたちが今
一番のトレンド（傾向）と感じているのは「業界の境界線の消滅」。イ

181

ンターネットをはじめ、飛躍的な科学技術の発展が、ついにさまざまな境界線を消し去りつつあります！　社会の中の既存の価値観や常識、フレームをすべて改めて問い直し、リデザインする必要があります。もはや国、セクター、年齢、地域、性別、業界、分野、職業……そうしたものが次々と意味を変え、軽々と境界を飛び越え、産官学も手を取り合いながら、自由に行き交う時代になりつつある。（まだまだかもしれないけれど、少なくともその可能性や必要性が開かれつつある。）今後、1人の人が複数の仕事や専門性や国や性別や……を持つことが徐々に自然になったとすると、人は肩書きではなく、「何者か」という一点でのみ輝くようになるのかもしれません。

　そして、それは同時に、ありとあらゆる視点や考え方が尊ばれる多様性の時代ということでもあります。多様な視点を知り、包含し、互いを尊重しながら、異なる視点の融合によって新しいものを生み出していく時代。

　考えようによっては、とても新しくて素敵な時代が始まろうとしているのかな、なんて感じています。

【自然との融合（生物としての感性）について】
「21世紀の数学は、生物や生命科学とともにある」

（イアン・スチュアート、1945-、イギリスの数学者）

　21世紀の数学は、線形的な世界（ミクロで見ると直線になっているような、ある種の綺麗さを持つ形の研究）を徐々に抜け出し、より複雑で、より不思議な、非線形的な、生命・自然から新しい数学のヒントをもらっています。なお、AI（Deep Learning）の飛躍を支えているのも「非線形関数」ですね。

20世紀後半に主に発展した複雑系（カオス・フラクタル）の数学は、少し前の時代には数学的には病的・汚い！と忌み嫌われたような関数が主人公として扱われています。数学も、今まさにまだまだ育ち続けている学問であり、数学とは実に創造的な世界なのです。そして、近年数学はどんどんどんどん有機的、生物的なものに育ってきていると感じています。

　21世紀に入ってフィールズ賞受賞者（数学界のノーベル賞）には確率論の研究者が増えてきました。確率論とは、純粋数学と応用数学の狭間にある分野で、０と１の間の世界と言っても良いと思います。実際の世界は、実は０と１では決められないことが多く、また、ランダム性こそが実は生命や自然の中の秩序を生み出す秘密のカギであることも往々にしてあります。そうした生物・自然からのヒントが確率論の発展をさらに推し進め、それは数学という学問全体へ新たな窓を与えつつあります。それは量子論等がさらに深化を遂げる物理、化学、生物、文学、芸術、スポーツなどでも同様の流れと感じています。

　音楽も、同じです。バッハ、モーツァルト、ベートーヴェンのような作曲家は確かに素晴らしく、今の時代に聞いても色あせない美しさを持っています。一方で、平均律時代になってからの現代音楽は、多くがあまりに実験的で「感動」しづらいものが多いことも事実です。でも、そんな試行錯誤の中から、今という時代に沿った何かが生まれつつあるし、不完全な人間はそれでもなお何かを追い求める、という衝動の中で「文化」を作るのでしょう。そして、21世紀になり、音楽はさらに遠い昔、商業音楽や職業としての音楽になる以前の、生活や祈りの中の音楽や自然の音からヒントをもらおうとしているように感じています。ピグ

ミーの自然発生的な驚くべき即興音楽、雨の音、虫や鳥の声、双方向的に作り出す音楽、絵を描くこと、踊ること、歩くこと、息を吸うこと。いろんなありのままや衝動や自然の中に、21世紀が改めて構築しようとする音楽の種があるのではないかと。そこには時にテクノロジーも共存しながら、音楽も、また他の芸術分野とも複合しながら、音・光・空間・匂い・震え・味・気持ち・遠くの誰か・自然・循環……など、ありとあらゆる要素が混じり合い、かつ、そこに関わる全員が今という瞬間の生命芸術の創り手となるような。そんな21世紀音楽の新しい境地を思い浮かべたり、一歩ずつ模索したりしています。

　ある意味で科学技術的な方向性だけでは限界を迎えた今だからこそ、改めて原点回帰となる生物的視点の中に、未来の姿があるのかもしれませんね。21世紀のAIなどと人間・生物・自然・万物が皆で共存し、刺激しあい、協力しあう未来。

【創造について】

　最後に。もう1つ私が強く感じているのは、21世紀こそ、まさに創造の時代だということ。私がそのように考える理由は3つあります。

　20世紀は、多くの新しい科学技術が生まれ、機械の効率化・機能改善など一方向的な進歩（問題解決）のために人類は切磋琢磨してきました。でも、そうした方向にはもうこれ以上は進めない！　あるいはもうこれ以上は進まなくていいのでは？というところまできた今、私たちは、「では、どの方向に進むべきか」という＜未来ビジョン＞を持つことを20世紀以上に強く求められています。問題解決力だけでなく問題設定力。問題設定力だけでなく未来ビジョン力・創造力。そのためにも「世界をどう視るか」という新しい視点を提示するアートや数学の力が、とても大切になっています。それが理由の1つ目。

人間はどこに向かいたいのか、何を大切にしたいのか、快適さとは何か、幸せとは何か、遠くにいる名前も顔も知らない人の幸せをどのように想像しつながるのか、遠い未来のために何ができるのか。変化が激しく未来の予測がつかない今だからこそ、「未来を創る」力が、私たち一人ひとりに対して求められている。それは、どんなに貧しくても、どんなに病が厳しくても、どんなに苦しいときでも、その人が心を躍動させ、何か新しい価値を生み出す可能性は無限大。一人ひとりが、未来の創り手としてこれほど求められる時代は、いまだかつてなかったのではないかと思います。(古代ギリシャ・ローマやルネッサンス期が近いけれども、科学技術の飛躍的発展を受け、爆発的に一人ひとりの創造の可能性が高まっていることを考えると、歴史上でも非常に面白い時代に差し掛かっているのではないかと。)

　ただし、今どんなに苦しくても切羽詰まっていても、あなたも何か未来を創りなさい！などという強制では決してなく、むしろ大変なときは自分を守り、休ませ、心も身体も遊ばせてあげることが絶対に大切だと思います。そのことこそが、長い目で見て、その人なりの創造性を羽ばたかせるために重要だから。変化の速いAI時代だからこそ、逆に、もっとゆっくりゆっくりゆっくりで良いから、しっかり大切なものを見つめて、失敗もたくさんしながら試行錯誤（tinkering）して、一見無駄な非効率な時間に見えても自分自身の身体と頭と心と感性をフルに使って、自分の血肉となる力を育てていく必要がある。人間が人間としての創造性をしっかり育むために。

　また、1990年代から爆発的に発展してきたインターネットの力により、クセナキスが夢見た、「誰もが持つ創造性を、自由に発揮できる時

代」がインターネットやさまざまなアプリ・ツールを通して実現されつつあるのが「今：21世紀」ではないかと思っています。それが理由の2つ目です。

　私もクセナキスが信じたように、一人ひとりには、潜在的に無限大の可能性・創造性が眠っていると信じています。時にはテクノロジーの力を借りながら、可能性を具現化するための手段はどんどん開発していけば、そうした可能性がもっともっと花開いていく……と。

　ホーキンス博士は、目しか動かせない中で宇宙の真理を見通しました。メディアラボの「Opera Of The Future」が開発した身振りや表情を赤外線で読み取るソフトウェアを用いて、作曲家ダン・エルシーは脳性麻痺を患いながらも、隠れていた、溢れんばかりの作曲の能力と情熱を開花させることになりました。見方を変えるだけでも、創造性は爆発します。ベルギーで訪れた「クレアム」という学校では、ダウン症の皆さんが実にイキイキ、セミプロの芸術家としての誇りを持って創造に夢中になっていました。彼らはクレアムを卒業してから、プロのアーティストとして活躍していきます。ちょっとした気持ちの持ち方や視点の変化が、人生を大きく変えることがあると信じます。

　ひと昔前はテレビに出たり本を書いたり個展を開いたりして発信・創造できるのは有名人や芸術家等の限られた立場の人でした。が、今はSNSや動画アップサイトなども発展し、誰しもが世界に向かって発信し、表現することができる時代。「創造性の民主化」の時代です。

　そして、近年、ご存じのようにAI（人工知能）たちは人間同様、学習を始めました。事前にプログラムされたことだけをするのではなく、自ら学び、成長していきます。「ディープラーニング」という数学的に

もまだ十分解明されていない非線形的な学びモデルはAIを急速に成長させ、もうすぐAIが人間の知能をこえる技術的特異点（シンギュラリティ）がやってくる！といわれています。

　AIは、多くの仕事を代替するとして、人類に不安も与えています。でも、それは見方を変えれば、人間が無味乾燥な、やりたくない仕事から解放され、より楽しい、その人なりに心を躍動させることができる「創造」に向き合えるということ。それこそ、もしも、AIが多くの仕事を代替してくれたら、もしかしたら貨幣経済や資本主義も変わっていく可能性があります。こうしたAIの成長が理由の３つ目です。

　AI時代には、AIに支配されないためにも、人間の、「論理と感性を融合させた深い創造性」が今まで以上に重要になる。凄いAIにただただ従うばかりでなく、その背後の仕組みを理解しつつ、さらに人間にしかまだできない共感力や想像力を羽ばたかせ、未来をイメージして、AIとともに生きる際の人間の創造性・感性をしっかり育んでいく必要がある。世界でも日本でもビジネスで必要な力の中で「創造性」のランクがどんどん上がってきています（参考：世界経済フォーラム調査、アデコJapanの調査）。創造性が21世紀のキーワードになるのは、間違いないと思っています。

　余談ながら、「AIや自然や人間以外のものたちとどう共存していくか」については、今、日本が世界の牽引役になれるのではないか、とも感じています。八百万（やおよろず）の神のように万物に命を自然に感じ、自然と自分との間の境界すら曖昧な、古くからの日本の美的感性は、今こそ、改めて世界に必要とされるものなのではないかと。そうした日本らしい創造性や共存の感覚、美しいものを求める姿勢をゆっくり磨き、世界に発信し、

互いの価値観や視点を尊重しながら、21世紀という稀有な世紀の新しい感覚・文化を世界とともに創っていく。貧困や差別や病気・障がいを乗り越え、世界の一人ひとりが幸せな独創的な「生」を思い切り生きる！という夢のような目標のために人類が歩みだす、それが21世紀ではないかな、……なんて「夢」のようなことを思っています。

　未来ビジョンを持つ力、夢見る力、そしてビジョンを具現化する力。

　こうしたものが求められる、可能性に満ちた21世紀において、創造の原風景を魅せてくれる音楽や数学の重要性は、万人にとってますます高まっています。いや、これからはもう分野も縦横無尽に横断しながらビジョンを打ち立て、感性を広げ、知見を深く掘り下げていく真のSTEAMS力（Science, Technology, Engineering, Art, Mathematics, Sportsを横断的実践的に学ぶ・探究する・使う力）が必要なのではないでしょうか。専門性と横断性の掛け合わせの時代です。

　私自身はまだまだ本当にちっぽけな微力な人間ですが、それでも夢みたいな未来を追い求めて、感性を広げ、自由な視点（論理）を広げ、深め、持てるスキルを広げ、ビジョンを広げ、一歩ずつ歩み何か新しい価値をゆっくり創っていけたらいいなと思っています。
　21世紀を生きる皆さんとともに！
　22世紀に向けて、できるだけ素敵な21世紀を創りたいですね。

数学と音楽　〜創造性における論理と感性の重要性〜

　MATEHMATA—— 西洋では、永らくMATHEMATAとは学科を

意味し、学科には代数学、幾何学、音楽、天文学が含まれていました。数学と音楽は非常に密接な関係にあり、数学とは天上の究極の耳には聴こえない調和のハーモニー（ムジカ・ムンダーナ）を解き明かす学問だと思われていました。

　第3章冒頭に書いたように、数を愛したピタゴラスが音のハモリの美しさ（協和性）と数比の美しさ（シンプルさ）には深い関係があるとわかり、やはり数こそがこの世界のすべてを織りなす基本なのだ！と躍り上がって喜んだという逸話がありますが、古代ギリシャ時代より、数学と音楽の間の神秘的な関係についてさまざまな人が考察を重ねてきました。それは西洋に限らず……。

　音楽も、数学も、先に書いたように「創造の世界」だと思っています。創造においては、感性と論理は共にとても重要です。
　音楽や数学は、不思議な究極の世界を、人間的に一歩一歩掘り当てていく旅のようなものです。感性と論理を行ったり来たりしながら。
　本質をつかみ取る瞬間の発想の飛躍は感性があってこそです。
　同時に、時に論理が、先入観でまみれた人間の心を自由に解放します。
　感性と論理（簡単にいえば右脳と左脳）が互いに交錯する中で、私たちは何か生きている実感をつかみ取るのではないでしょうか。

　音楽が人を感動させるとき、その背後には実は数学的な秘密のカギがあります。
　数学が人を感動させるとき、その背後には耳には聴こえない音楽的な美しさがあります。

音楽と数学は、実はとても似ている、と私は思っています。

　私たちは、自分の心を使い、自分の頭を使い、自分の身体を使って何か本質的な究極的なものに近づこうとすると、心が揺れ動き、踊り、生きている実感が降り注ぎます。

　さらに、他の人が心を揺れ動かしながら創り出した「作品」（数学でも予想や定理、思想等は一種の作品です）を見る時、実に多様な視点の存在に圧倒され、感動が生まれます。

　一緒に何かを創り出すときは、1人で見える地平線を越えた旅に出ることができます。

　人生には、きっと、いろんなことがあります。

　世界には、いろんな境遇や文化や、時に不条理があります。

　うまくいかないこと、悲しいこと、苦しいこともたくさんあります。

　戦争も、まだ、あります。貧しさも、まだまだあります。

　ときに、生きているのがきついなぁと思うこともあると思います。

　でも、そんな人生の中、自分の心や頭や身体を全力で使った体験、音楽や数学を自ら創った喜びは、きっと「生きる力」になります。自信、自分を支える喜び、他者を想う力になります。壁を乗り越え、本質を見極め、（誰かと一緒に）素敵な未来を創る力になるはずです。

　そして、音楽や数学を体験することは、自由な想像力・本質的な創造力を育んでくれます。

あなたも音楽家であり数学者。

そして発明家であり研究者でありイノベーターであり素敵な可能性に満ちた1人の人間。

21世紀を生きるときのマニュアルはありません。
だから、自分の頭や心や身体や感性を信じて、自分の中のコンパスをもとに、他者の存在に耳を傾けながら、創造的に生きていく必要がある。
そして、それは、きっと、とっても楽しいこと！

この本を通して、音楽や数学の魅力や、新しいものの見方、一見異なる世界が深く底で結びつく驚きなどを少しでも体験いただき、それがほんの少しでも未来を照らす何かになればこれほど幸せなことはありません。

一緒に、楽しく、可能性に満ちた未来に向かって歩み、一緒に何かを築いていければ幸いです。
まずは、今日という1日が、皆さまにとって、とても素敵なものとなりますように！
……心からの感謝と祈りをこめて。

おわりに

「20世紀は科学技術が世界経済を変えたが、21世紀はアート・デザインが世界経済を変えるだろう」（RISD元学長：ジョン前田氏の言葉）

　テクノロジーの進歩は今までの人間の常識や先入観を大きく壊し、これまで人間が決めてきたいろいろな「境界」は徐々に意味をなさなくなり、地球全体がマクロとしてもミクロとしても、アメーバのようにつながり呼吸し生きる時代がやってきました。今、人間は、創造的な「感性」や「多角的なものの視方・考える力」を求められており、そうした意味でも芸術や数学が果たすべき役割は大きくなっています。脳の中では右と左をつなぐ脳梁がとても大切な働きをするように、本来、本質を感じることと思考することは一心同体。私たちは、ますます、全身全霊で生きることを感じ、苦闘し、試し、乗り越え、時に涙し、笑いながら、22世紀に向けて素敵な21世紀文化を創っていく流れの中にいます。

　音楽・数学・天文学は、西洋では長らく同じように扱われ、リベラルアーツが生まれました。いずれも、現実の宇宙と心の中の調和の宇宙を記述するための神秘的な世界。ムジカ・ムンダーナ（宇宙の調和）を求めて、人々は空を見上げ、音を奏で、数の不思議に魅惑され、神の世界を希求してきました。一方、例えば日本では、人間だけでなく動物も植物も金属や土でさえも、命があるととらえ、その中にめくるめく宇宙（曼荼羅）を感じてきました。「間」や「流れゆくもの」「名前のないもの」に儚い美を感じ、笙の音や竹藪を吹きすさぶ風の音に美を感じてきました。こうした日本的美意識は、ある意味で昨今の数学の複雑系や非線形の世界のイメージと似ています。こうした日本的世界観は、西洋のリベ

ラルアーツを振り返る大切さとともに、21世紀、改めて大きな価値を持っており、さまざまな形で世界に発信する意義があると考えられます。（私自身、音楽家としても大きなテーマです。）

　AIという新しい存在が人間の思考を越えていこうとする21世紀、人間は改めて人間とは何か、生命とは何か、生きる価値とは何か、自分のルーツは何か、美しいとは何か、を突き付けられている。その中で、例えば音楽や数学に向き合う意義は、まさにその生きる意味を問い直すための感性を研磨し、自ら考え生きる本質に向き合う力を養うところにあると思っています。何より、音楽も数学も楽しい！　そして、それらは互いに複雑に絡み合っている！　こんな魅力的な世界を、テストや得意苦手などの思い込みで黒く塗りつぶしてしまうのは、もったいない！偉人が作ったもの〜と受け身に眺めているだけでは、もったいない。下手でもいい、苦手でもいい、思い切って自分の心や頭を動かして、ハッとしたり驚いたり苦しんだり、喜んだりゾクゾクしたり、ドキドキしたりワクワクしたり。そんな中から、（どんなに苦しいときであっても立ち戻れるような）生きる力が心の芯に立ち現れてくるのではないか。一人ひとりが皆、独創的な音楽家であり数学者なのだから……そんな想いから、私は（自分自身が音楽や数学を模索するだけでなく）自分自身が大好きな音楽や数学の魅力を伝える活動をはじめ、素晴らしい仲間や多くの方に出会い、そうした活動での内容をまとめ、この本が生まれました。

　最後に、制作にあたり、多大なご協力や励ましを頂いた多くの方に感謝申し上げます。毎月"社会人のための、数学×○○シリーズ"でお世話になっている東京ガーデンテラス紀尾井町の関係者の皆様、CDでも素晴らしい演奏をしてくれた音楽仲間の鈴木広志さんと相川瞳さん、録音エンジニアだけでなくモーツァルトの楽曲では一緒にサイコロも振っ

てくださった（！）Studio TLiveの田島克洋さん、丁寧なレビューをしてくださった音楽家の辻康介さんと早稲田大学理工学術院の岩瀬英治准教授、編集者の佐藤美奈子さんとイラスト担当のえびすまるほさん、内容にも大いに知見やご協力をいただいた東京大学大学院数理科学研究科長河野俊丈教授や佐々田槇子准教授など多くの皆様、妙心寺退蔵院の松山大耕さん、各種プロジェクトでご一緒している最高に素敵な方々、大好きな音楽・数学・教育関連の仲間や関係者の方々、日米リーダーシップ・プログラムの仲間、ママ友の皆様や友人たち、そして、大事な家族へ（娘や母の作品も登場しています）。心の底から、ありがとうを!!!

　この本が出版される2018年9月頃、私はNYで、ニューヨーク大学のInteractive Telecommunications Program（TISCH School of the Arts）というメディアアートの心躍る本場で、更に新しく、テクノロジー＆アートへの挑戦を始めています。音楽・数学・教育の旅も続けながら。まだまだ人生の旅路は半ば。自分の心の声を信じ、一歩ずつ、いろいろな歩みを進めていきます。

　また、先日内閣府よりSTEM Girls Ambassador に任命されました。数理女子の活動と合わせ、より多くの女性方に数学やSTEMとArtの絡み合う魅力を伝えていきたいと思っています。この本も多くの女性に届き、音楽や数学の絡み合う姿を楽しんでいただければと願っています。

　改めて、この本を読んでくださり、本当にありがとうございます。素晴らしい、幸せな、21世紀の毎日をお祈りしています！　22世紀までの道が地球や宇宙やあなたにとってかけがえのない素敵なものとなりますように。

2018年 夏　　中島さち子

| 巻末ラボ | エッシャーになるための魔法のルールブック！ | Page_01 |

どうやったらエッシャーみたいな絵が描けるんだろう？　私も描いてみたい！と思ったそこのあなたに、ルール表をプレゼントします！

　まずは両面同じ色の紙を用意してください。そして、ルール1〜6のいずれかを選び、ルールに従い「繰り返し模様のモト（基本図形）」を作ってみましょう。そして、繰り返し模様のモトの上に、想像力を膨らませて、自由に絵を描いてみましょう。あなたの目には、それが何に見えてきますか？

　なお、ルールにある例はあくまでも切り方の参考なので、やり方を理解したら自由に切ってくださいね！　ほかの切り方にも挑戦し、どんな切り方ならば平面全体を敷き詰めることができそうか、研究してみましょう。

エッシャーに挑戦しよう〈グループオリジナルの繰り返し模様を創る〉

プロセス	必要なもの
グループ内で、対称性タイプ（最初は1〜6）を決め、型紙を用意する	ルール表
カットの仕方を決める	型紙（12枚）
ルールに従い、紙を12枚重ねてはさみで切る	ルール表、はさみ
ルールに従い、セロファンテープで12枚基本図形を作る	ルール表、セロファンテープ
12枚の基本図形の上に色付きサインペンで絵を描く 例：1人3枚×4人＝12枚	色付きサインペン
画用紙に12枚の基本図形を隙間なく貼る	画用紙、のり
グループ内で、グループ名と作品タイトルを決め、画用紙に書く	サインペン（黒）
壁に貼る	セロファンテープ

※協力：日本テセレーションデザイン協会、中島にて改変

※**ルール1〜4**は正方形の型紙を利用する。

※**ルール4**のみひっくり返しがあるので、絵は、できあがった基本形の半分は表に、残り半分は裏に描く。

Page_02

最初の型紙から基本図形を作る方法：カットの基本（平行移動）

基本カット

1. 1辺を適当にカット
2. 移動して貼る

 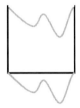

部分基本カット

1. 1辺を適当に部分カット
2. 移動して貼る

3. 続きを適当にカット
4. 移動して貼る

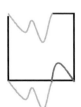 

ルール1. 2方向平行移動対称性（p1型）

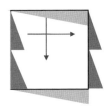

【例】

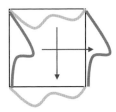 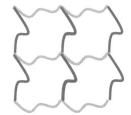

ルール2. 2方向の平行移動対称性と2軸についての線対称性（cm型）
（まず対角線で折って、1回だけ、はさみをいれる）

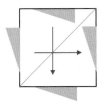

【例】

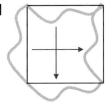 

Page_04

ルール3. 2方向平行移動対称性と2種類の90度回転対称性、1種類の点対称性
（p4型）

【例】

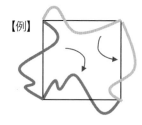 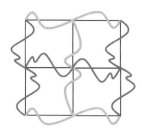

ルール4. 2方向の平行移動対称性とずらし鏡映（線対称＋平行移動）（pg型）

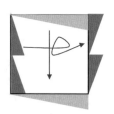

【例】

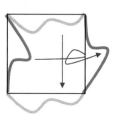 

なお、正方形以外にも、正三角形やタコ型（60度、90度、90度、120度）、ひし形（60度と120度）、長方形からも作ることができます。3種類の120度回転対称性があるような図形は、どんな図形から生まれてくるのでしょうか。

参考

ルール5. 2方向平行移動対称性と3種類の120度回転対称性（p3型）

※最初の型紙としては、60度・120度のひし形を準備する

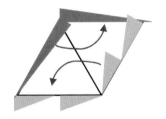

【例】

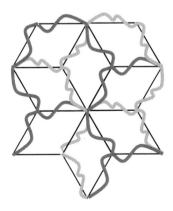

199

Page_06

ルール6. 2方向平行移動対称性と1種類ずつの60度・120度・180度の回転対称性（p6型）

※最初の型紙としては、正三角形を準備する

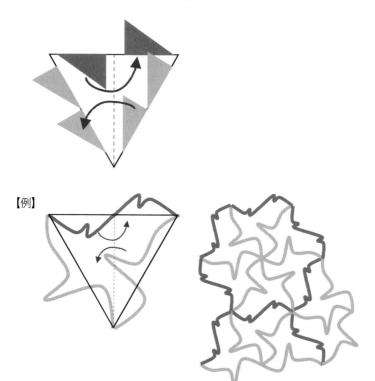

【例】

　ほかにも、なにか別の対称性を創り出すオリジナルな切り方を考え出すことはできないでしょうか？　いろいろと試して研究してみましょう。

解答集

問題が随所に登場しますが、本文の中で解答をはっきり示せなかったものはここに掲載します。

3. 11拍子を2と3に分ける方法は何通りあるか？

答え　9通り

4. 表の2段目に、1段目の数の拍子を2と3に分ける場合の数を書いてみよう。

拍子	1	2	3	4	5	6	7	8	9	10	11	12
場合の数	0	1	1	1	2	2	3	4	5	7	9	12

5. 4の表の中に何か規則性が見つかるか？

答え　2段目の項は、その2つ左隣の項の数と3つ左隣の項の数を足したものになっている

6. 変拍子数列やフィボナッチ数列の13番目の2段目はどんな数になるか？

答え　変拍子数列13項目：16、フィボナッチス列13項目：233

問題9

パドヴァン数列の t=12,13,14,15 についてもトライしてみよう。

答え

t=12；ABBCBCCABBCCABCABABBC（文字列の長さ：21）
t=13；BCCABCABABBCCABABBCABBCBCCAB（文字列の長さ：28）
t=14；CABABBCABBCBCCABABBCBCCABBCCABCABABBC
　　（文字列の長さ：37）
t=15；ABBCBCCABBCCABCABABBCBCCABCABABBCCABABBCAB
　　BCBCCAB（文字列の長さ：49）

問題10

周期3拍で進む音と周期4拍で進む音と周期5拍で進む音と周期6拍で進む音が、もし同時にスタートしたならば、何拍後に再び4つの音が同時に周期の頭に戻るか？

答え　60拍後

問題11

例に従い、1と0で表してみよう。

1. E[5,8]はどうなるか？

答え　E[5,8]＝[10110110]

2. E[7,12] はどうなるか？

答え　E[7,12] = [101101011010]

3. E[3,9] はどうなるか？

答え　E[3,9] = [100100100]

第2章

p.100

p.105

問題12

CDのトラック23の、4種類のユークリッドリズムやそのネックレスは、どれか？

答え　・E[3, 7] = [1010100] = (2, 2, 3)
　　　・E[4, 11] = [10010010010] = (3, 3, 3, 2)
　　　・E'[9, 16] = [1010110101010110] = (2, 2, 1, 2, 2, 2, 2, 1, 2)
　　　・E'[11, 24] =[101010101010010101010100]=(2, 2, 2, 2, 2, 3, 2, 2, 2, 2, 3)

第3章

p.114

問題13

88鍵のピアノの一番高い「ド」の振動数は、一番低い「ド」の振動数の何倍か？

答え　128倍

p.115

問題14

1. 基準の「ド」の振動数が6倍の音は？
2. 基準の「ド」の振動数が10倍の音は？

答え　下図参照。（6：2オクターブ上のソ、10：3オクターブ上のミ）

p.120

問題15

ピタゴラス音律での各ケースの振動数比は？

答え　ド：ミ：ソ = 64：81：96、ド：ファ：ラ = 48：64：81、
　　　レ：ソ：シ = 144：192：243、レ：ファ：ラ = 54：64：81

p.126

問題16

純正律において、各ケースの振動数比は？

答え　ド：ミ：ソ = 4：5：6、ド：ファ：ラ = 3：4：5、
　　　レ：ソ：シ = 3：4：5、レ：ファ：ラ = 27：32：40

203

第3章

p. 1 3 9

問題17

オイラーの音律で、ミ：ソ♯：シ や レ：ラは、どんな振動数の比になるか？

答え ミ：ソ♯：シ＝4：5：6、レ：ラ＝27：40

p. 1 4 8

問題18

純正律、ミーントーン、キルンベルガー（第Ⅱ法）において、
1．ミ♭と、ソ♯またはラ♭の音の高さの差は何セント？
2．ド♯またはレ♭と、ファの音の高さの差は何セント？

答え ※単位のセントは省略。
1．純正律498、ミーントーン463、キルンベルガー（第Ⅱ法）498
2．純正律386、ミーントーン427、キルンベルガー（第Ⅱ法）408

p. 1 5 6

問題19

連分数を分数に表そう。

（1） $\dfrac{1}{1+\frac{1}{1+\frac{1}{2}}} = [0;1,1,2]$

答え $\dfrac{3}{5}$

（2） $3 + \dfrac{1}{7+\frac{1}{15+\frac{1}{1}}} = [3;7,15,1]$

答え $\dfrac{355}{113}$

（3） $1 + \dfrac{1}{2+\frac{1}{2+\frac{1}{2+\frac{1}{2}}}} = [1;2,2,2,2]$

答え $\dfrac{41}{29}$

p. 1 5 6

問題20

分数を連分数に表そう。

（1） $\dfrac{22}{7}$

答え $3 + \dfrac{1}{7} = [3;7]$

（2） $\dfrac{12}{5}$

答え $2 + \dfrac{1}{2+\frac{1}{2}} = [2;2,2]$

（3） $\dfrac{7}{32}$

答え $\dfrac{1}{4+\frac{1}{1+\frac{1}{1+\frac{1}{3}}}} = [0;4,1,1,3]$

（4） $\dfrac{682}{305}$

答え $2 + \dfrac{1}{4+\frac{1}{4+\frac{1}{4+\frac{1}{4}}}} = [2;4,4,4,4]$

解答集

第3章

p.157

問題21

ある分数を小数で表した、2.1612903……の、正体の分数は？

答え $2 + \dfrac{1}{6+\frac{1}{5}} = [2; 6, 5] = \dfrac{67}{31}$

p.157

問題22

無理数を連分数で表そう。

（1） $\sqrt{10}$

答え $[3; 6, 6, 6, \cdots]$

（2） $\sqrt{3}$

答え $[1; 1, 2, 1, 2, 1, \cdots]$

p.157

問題23

無限連分数を無理数で表そう。

$$x = 2 + \cfrac{1}{4 + \cfrac{1}{4 + \cfrac{1}{4 + \cfrac{1}{4 + \cdots}}}} = 2 + \cfrac{1}{2 + 2 + \cfrac{1}{4 + \cfrac{1}{4 + \cfrac{1}{4 + \cdots}}}} = 2 + \cfrac{1}{2 + x}$$

答え $x = 2 + \frac{1}{2+x} \Longleftrightarrow (x-2)(2+x) = 1 \Longleftrightarrow x^2 = 5 \Longleftrightarrow x = \sqrt{5}$ （$x > 0$ より）

第4章

p.169

問題24

BPM = 60とBPM = 61で同じ時刻から演奏し、再び一緒になるのは、いつ？

答え　1分（60秒）後

p.169

問題25

BPM = 60とBPM=62で同じ時刻から演奏し、再び一緒になるのは、いつ？

答え　30秒後

参考文献 (順不同)

- ダグラス・R・ホフスタッター著　野崎昭弘・はやしはじめ・柳瀬尚紀訳『ゲーデル、エッシャー、バッハ―あるいは不思議の環 20周年記念版』(白揚社)
- 砂田利一著『ダイヤモンドはなぜ美しい？』(丸善出版)
- 河野俊丈著『結晶群』(共立出版)
- ハンス・ヴァルサー著　蟹江幸博訳『シンメトリー』(日本評論社)
- 池内友次郎・外崎幹二著『楽典』(音楽之友社)
- U.ミヒェルス編　角倉一朗日本語版監修『図解音楽事典』(白水社)
- 藤田伸著『装飾パターンの法則―フェドロフ、エッシャー、ペンローズ―』(三元社)
- 杉原厚吉著『エッシャー・マジック　だまし絵の世界を数理で読み解く』(東京大学出版会)
- ブルーノ・エルンスト著　坂根厳夫訳『エッシャーの宇宙』(朝日新聞出版)
- ダウド・サットン著　武井摩利訳『イスラム芸術の幾何学：天上の図形を描く』(創元社)
- 視覚デザイン研究所編『日本・中国の文様事典』(視覚デザイン研究所)
- 芳澤勝弘著『白隠禅師の不思議な世界』(ウェッジ)
- キース・ジャレット著　山下邦彦訳『インナービューズ―その内なる音楽世界を語る』(太田出版)
- 広中平祐著『生きること学ぶこと』(集英社)
- 上田信行・中原淳著『プレイフル・ラーニング』(三省堂)
- 藤枝守著『響きの考古学―音律の世界史からの冒険』(平凡社)
- 小沼純一編『武満徹対談選―仕事の夢 夢の仕事』(筑摩書房)
- 三枝成彰著『大作曲家たちの履歴書（上・下）』(中央公論社)
- 木村俊一著『連分数のふしぎ』(講談社)
- 神崎亮平著『サイボーグ昆虫、フェロモンを追う』(岩波書店)
- イアン・スチュアート著　水谷淳訳『数学で生命の謎を解く』(SBクリエイティブ)
- 菅野恵理子著『ハーバード大学は「音楽」で人を育てる――21世紀の教養を創るアメリカのリベラル・アーツ教育』(アルテス・パブリッシング)
- JBCCホールディングス Link編集室編著『未来への道標2～人生100年時代の健康、教育、働き方を考える～』(日経BP社)
- 中島さち子著『人生を変える「数学」そして「音楽」』(講談社)
- 中島さち子作　くすはら順子絵『タイショウ星人のふしぎな絵』(文研出版)

- "Tales of a Neglected Number"
  (Ian Stewart, Scientific American, No. 6, June 1996, pp.92-93)
- "Math Hysteria: Fun and Games With Mathematics" (Ian Stewart)
- "The Euclidean Algorithm Generates Traditional Musical Rhythms"
  (Godfried Toussaint, School of Computer Science, McGill University)
- "African Polyphony and Polyrhythm"
  (Simha Arom , Cambridge University Press, Cambridge, England,1991)
- "Beyond temperament: non-keyboard intonation in the 17th and 18th
  centuries" (Bruce Haynes, Early Music, Oxford University Press, Vol. 19,
  No. 3. (Aug., 1991) , pp. 356-365+367-370+372-381)
- "Schumann's Monument to Beethoven
  (Nicholas Marston, University of California Press)
- "The History of Musical Tuning and Temperament during the Classical and
  Romantic Periods" (Christine Denton)
- "The Oxford Companion to Music"
  (Percy A. Scholes., Oxford University Press)

【人物名表記】 なお、人物名に添えられた数学は（生年 – 没年）です
- ベルトラン・オーシュコルヌ、ダニエル・シュラットー著　熊原啓作訳
  『世界数学者事典』（日本評論社）
- リンジー・C・ハーンズバーガー著　元井夏彦訳　八木澤教司監修
  『音楽用語作曲家』（ヤマハミュージックメディア）

著者紹介

中島さち子（なかじま・さちこ）　ジャズピアニスト、数学者、（株）steAm 代表

1979年生まれ。東京大学理学部数学科卒。幼少よりピアノ・作曲に親しむ。1996年に国際数学オリンピックインド大会で日本人女性初の金メダル、翌年のアルゼンチン大会で銀メダルを獲得。東京大学で数論・表現論を学ぶ一方、ジャズに出合い、本格的に音楽活動を開始。ピアニスト故本田竹広氏に師事。現在はジャズピアニストとしての音楽活動の他、数学研究、数学×音楽の公演やワークショップ、執筆など幅広く活動。2017年4月より、東京ガーデンテラス紀尾井町の定期講座"社会人のための、数学×○○シリーズ"の総合プロデュースを行いつつ、自らも登壇し、人気を博している。東京大学大学院数理科学研究科元特任研究員。米日財団「日米リーダーシップ・プログラム」フェロー、内閣府STEM Girls Ambassador（理工系女子応援大使）を担う。著書に『人生を変える「数学」そして「音楽」』（講談社）など。CDアルバムに『Rejoice』、『希望の花』、『妙心寺退蔵院から聴こえる音』がある。

制作協力

東京ガーデンテラス紀尾井町
www.tgt-kioicho.jp

音楽から聴こえる数学
『数学の音』43分♪CD付

2018年9月22日　第1刷発行

著　者	中島さち子
発行者	渡瀬昌彦
発行所	株式会社 講談社
	〒112-8001　東京都文京区音羽2-12-21
	販売 03-5395-3606　業務 03-5395-3615
編　集	株式会社 講談社エディトリアル
	代表 堺 公江
	〒112-0013　東京都文京区音羽1-17-18　護国寺SIAビル
	編集部 03-5319-2171
印刷所	大日本印刷株式会社
製本所	株式会社 国宝社

定価はカバーに表示してあります。本書のコピー、スキャン、デジタル化等の無断複製は、著作権法上での例外を除き禁じられています。本書を代行業者等の第三者に依頼してスキャンやデジタル化することはたとえ個人や家庭内の利用でも著作権法違反です。落丁本・乱丁本は購入書店名を明記のうえ、講談社業務あてにお送りください。送料は小社負担にてお取り替えいたします。なお、この本の内容についてのお問い合わせは、講談社エディトリアルまでお願いいたします。

ISBN 978-4-06-512945-6　　©Sachiko Nakajima 2018, Printed in Japan